私はこうしてストーカーに殺されずにすんだ

遙洋子

Haruka Yoko

筑摩書房

私はこうしてストーカーに殺されずにすんだ

私はこうしてストーカーに殺されずにすんだ

目次

私はこうしてストーカーに殺されずにすんだ

装幀　藤田知子

序章

なぜ今、伝えたいのか

今こそ書くとき

二〇一四年初春、殺された。

同年初夏、また殺された。

私のせいで、というような強迫観念に襲われだした。

そもそも「書かなきゃ」と思ったのは二〇一三年秋。ぐずぐずしているうちに年を跨いだ。

ある日、深夜に堅いキャラメル大袋を二袋たいらげた。翌朝すべての歯が痛み、朝食が食べられなくなった。

ある芸能人が、離婚前にストレスでつぶ貝ばかりを食べた話をしていた。「とにかく、噛みたかったんです」と言った。

知り合いでもない見たこともない他人のストーカー殺人事件のニュースがあるたび、噛んだ。

私の体験を伝えるにはもう時が遅い。すでに法的措置は整い、二〇一四年には刑事課も加わることになった。この時代に書いて伝える意味は、果たしてあるのだろうか。

二〇一四年五月二日に大阪市平野区で起きたストーカー殺害事件の報道を見た。アナウンサーが喋る。

「警察は今年から新たに刑事課も加わり体制を整えた直後であるにもかかわらず防げなかった

事件であることから、次は……」

「次は……?」

前のめりに画面を見た。次はどんな手だ……。

「次は、心理療法士を加えての治療を視野に入れていくとのことです」

「……」

椅子から転がり落ちそうになった。十数カ所を刺す精神状態の人間が、その前に自ら心理療法士に心を開くと、警察は本気で思っているのか。殺す人間は「いかに殺すか」しか考えていない。殺すことで頭が一杯になっているから、殺す。

その報道は私には「万策尽き果てた」を意味するように聞こえた。

「やはり書こう」

そう決意した。


当初、私が「書いて伝えなきゃ」と思ったのは、二〇一三年一〇月、東京三鷹市で女優志望の一八歳の女性がストーカーに殺害されたニュースを見た時だ。軽いめまいがした。〝あの時〟の緊迫感が記憶に刻まれていることに気づいた。経験した者でないとわからないのかもしれない。〝あの時〟を境に殺された者と生存できた者がいる。

生存できた側の私は、なぜ生存できたかを発信しなければいけないのではないか。悲惨なストーカー事件のニュースは登場して久しい。書く機会はいつでもあった。だがそのたびに逡巡した。なにも私が書かなくても、過去から今現在でもたくさんのストーカー対策本は出版されているじゃないか——。

ストーカー被害に遭わないための助言を、二〇〇〇年にストーカー行為等の規制等に関する法律（以降、ストーカー規制法という）が誕生して以降、二〇〇一年の著作から振り返ってみよう。

『人はなぜストーカーになるのか』（岩下久美子著、文春文庫ＰＬＵＳ、二〇〇一年）という本の「あなたにもできる七つの自己防衛法」と付けられた項目から抜粋してみる。

①　まず、はっきり「ＮＯ」と言った後で、完全に接触を絶つ
②　ストーキングに関することは、どんな些細なこともすべて証拠として残しておく
③　周囲の人間を味方につける
④　家の戸締りをしっかりと行う
⑤　個人情報は自分自身で管理する
⑥　必ず警察に届ける
⑦　住居を変更する

これらはすべて大事なことだ。私もこれら七つのことは行ってきた。だが、それでも襲ってくるストーカーは、襲ってくる。そして下手をすれば殺される。

大事なのは、殺されないこと

二〇一三年にストーカー規制法が改善されて以降の、私の居住地の警察が市民向けに出した二〇一四年版「ストーカー被害を防止するために」という小冊子を見てみよう。

この冊子では、ストーカー行為とは、つきまといや監視、交際の要求、乱暴な言葉、連続した電話やメール等々を挙げ、その「自己防衛対策」が書かれている。

いくつか抜粋してみる。「タクシーなどを利用」「防犯ブザーを携帯」「自分が部屋にいることが外から見えないように工夫」「自分の意思をはっきり伝えて警察に連絡」等々。

自己防衛法は、ほぼ一三年前から目新しいものはない。

昔も今も、女性の自己防衛は〝ストーカー対策〟と打ち上げなくても、マナー、常識程度の自衛策として多くの女性たちが実践している。

つまり、もうとっくにやっている。

私が深刻さを感じたのは、実は小冊子のラストページにあるイラストだ。女性警官に〝笑顔で〟相談する女性被害者がそこに描かれてある。この一ページに、ストーカー問題解決の困難さが象徴的に表れていると感じた。警察に駆け込むほどの相談はまかり間違っても〝笑顔で〟できるレベルではない。また、ストーカー事件には根深い男女のパワーバランスが背後にある。女性の相談は女性警官、という枠組みで解決できる問題ではない。

何年経とうが、何人殺されようが、問題の核心に到達できないまま解決したい切実な人たちがいる。「誰か書いてくれ」と腰を引きながら願っても「助言本」を超える著作が出ない隔靴搔痒。それどころか「実は女性のストーカーも多い」拡散系、「規制法の枠を広げたらメール二〇本で逮捕されかねない未来もどうか」慎重系、「ホルモンの作用がある」「脳に障害がある」脳科学系など。著作の裾野だけは脈絡なく広がる。

二〇一三年一二月四日、警察庁のストーカー行為等の規制等の在り方に関する有識者検討会にあった犠牲者遺族の資料（警察庁　生活安全の確保資料3）に、起きた悲劇について連綿と問題提起や遺族自らの自問自答が繰り広げられていた。その模索は次の一行でラストページを締めた。

「解決のアイデアお持ちの方、ご協力お願いします」

遺族は今も五里霧中か。

ストーカーに関する本はＤＶ（ドメスティック・バイオレンス）、インターネットの時代性、精神科的考察、法の整備をも絡めて描くべき問題だし、そういう著作はすでに存在する。

私の執筆動機は、「殺されない」ため――そこに焦点を絞ろうと思う。最悪だけをくい止める。だから「女性と男性どちらがストーカーが多いか」論議にかかわるつもりもない。

ストーカーは誰か特別な人がなるのではない。相手の帰宅をあてどなく待つなどの多少のストーキング行為は恋愛を「燃え上がらせる」し、燃え上がった後の失恋は「ビターな思い出」として仕舞われる。

恋愛にストーカー行為は構造的に許容範囲内で組み込まれているといっていい。スリリングなゲームもいいだろう。

大事なのは、「殺されないこと」。

なぜ私は生きていられたのか

テレビのニュースというのは不思議だ。世界の遠い国の紛争をリアリティをもって実感できない夕食時の肉じゃががあるように、ストーカー事件もまた遠い土地で聞いたこともない人なら悲痛さを感じてもめまいまではしない。だがそれが〝あの時〟の自分に酷似していたら……。

同じ芸能界を目指した女性。時代はまったく違うが、私が演劇学校に通っていたのは一九歳。被害者は一八歳。その年頃にこの職業に入ろう、入りたい、努力したいと思う時期は希望で満ちている。抜擢でもされようものなら、どれほどの光を将来に見出しただろう。ニュース映像でだったが、チョイ役で出演した被害者の当時のドラマがワンシーン放送された。私にもそんな時期があった。チョイ役の時が実は最も浮き足立つ。活気溢れる撮影現場でその先に立つ眩しいばかりの主演級の俳優を彼女がどんな思いで見つめていたかが、私にはわかる。

が、実際芸能界に入ってみると夢や希望とは真逆の人間心理にも当然出会う。一歩登るほどに賞賛と悪意にさらされる職業と私は言い切れる。数ある職業のひとつにすぎないはずが他業種に比べ、羨望がある人にとっては妬みも深く、偏見と歪曲に満ち、匿名の悪意を受けやすい。多くの応援者は実は静かに見守ってくれているものだ。光と影を極端に合わせ持ち、成功しても成功した後に病む人がいるのもこの職業の特色か。スターは実は孤独だったなどとときどき言われるが、地方のタレントだって孤独だ。ファンレターより誹謗中傷が日常茶飯事。それに耐えられるか、慣れた人が働いている。

ストーカーもそのひとつ。もう当然組み込まれている。それを「有名人の職業病」とし、被害を避けたければ、「芸能界から引退して別の職業を選ぶ必要がある」（福島章『ストーカーの心理学』PHP新書、一九九七年）のだそうだ。

私がこんなわかったようなことを言えるのも、長年その業界におればこそ。一八歳で抜擢もされた女優志望の女性の、そこにあったに違いない輝いて見えただろう未来。やがて恐怖と絶望。そして最後の無念。彼女にあり、私になかったものは「最後の無念の一瞬」だ。

私は彼女に問われている——なぜ自分は死に、お前は生きられたのか、と。

誰が自分を守るのか

タレントはイメージが商品だ。どんな時でも元気に喋る。私の職場では珍しいことではない。親を看取った直後仕事に出かけ、幸せそうに振舞う同業者は普通だ。昔、ある議員が地検に捜査に入られる日に、他の議員の応援演説をしに新幹線に乗る映像を見たことがある。一見「毛の生えた心臓」と映るだろうが、心ここにあらずの状況でも笑顔で出かける日を知っている私は、その映像を「しんどいだろうなぁ」と思いながら見た。そういう職業、ということだ。それぞれの職業にそれぞれの事情があり、多くの芸能人が夢を売る商売である以上、負の側面を自らは出さない。負のひとつに、ストーカーがある。今から書くのはその〝負〟の部分。

私に逡巡があったにせよ突き詰めれば、「食べていくための事情」と「殺されないための事情」はセットで、生死の分かれ目を前に、仕事と家庭とどっちが大事？ ではないが、生きていくことと殺されないこととどっちが大事？ というのは無為な問いに思える。私がずっとためらい執着したのは今後も仕事で〝食いたい〟ためのハッピーに見える生き方。これから書こうとすることは〝殺されない〟ための命がけの生き方。生きて初めて食える。まずは他人様に殺されずに生きられてこその話だ。これは私にしか書けない。なぜなら生存できたから。犠牲者には書けない。死んだから。それを経験した一般の人も書けない。怖いから。他の芸能人は書かない。損だから。

私が経験した事実の羅列を書くのではない。それではただ「あー怖かった」という本になる。〝誰が〟ストーカーになるのか。〝なぜ〟なるのか。家族や警察はなぜ被害者を〝助けられなかった〟のか。一人犠牲者が出るたびに一つ改正されるストーカー規制法の運びは〝正しく機能〟していると言えるのか。加害者のカウンセリングなどの専門家の対応は〝効果〟が期待できるのか。そして最後に〝誰が〟自分を守るのか。守れた人間と守れなかった人間を〝分けた〟ものはなにか。〝殺されずに生きる〟ためにはどうすればいいかまでを考えてみたい。

そこまでを、生きられた私が書く。経験も書くがそれは、それらを考えるための材料であって、経験から得た「殺されないための方法」を伝えることを目的にする。その目的を前に、過去、犠牲者になった方々と私を比較して語る場面において、犠牲者を批判するつもりは一切ないことをご理解いただきたい。また、そのような受け止め方だけはしていただかないよう、切にお願い申し上げたい。

さらに、私の知恵の土壌は、私が長年いる芸能界で身に着けたことを最初に告げておきたい。

芸能人と一般人の違い

芸能人のストーカーと一般人の恋愛のストーカー事件は違う、という人がいる。

それも私が執筆を逡巡した理由のひとつだ。

「SNSは確かに便利で魅力的だ。が、ともすれば身元や人間性の不確かな人物と、出会ってしまう危険なツール」で、「相手が笑顔で映る画像をながめ、それを自分に向けられた愛情の証であるととらえかねられない」（福井裕輝『ストーカー病』光文社、二〇一四年）という専門家の意見がある。

だったら「相手が笑顔で映る画像」をテレビで見て、「自分に向けられた愛情」ととる一般の人がいても不思議ではない。本来なら出会わなかった人とSNSで出会うのと、テレビで出会うのと何が違うのか。三鷹ストーカー事件を「ひと昔前であれば、東京と京都に離れて暮らす鈴木さんと池永容疑者が出会う機会はなかっただろう」（同書）という。インターネット時代、一般人と芸能人の線引きは曖昧になったと私は思う。

「フェイスブックやLINEを通じて知り合った男女間のストーカー事件は急増している」（同書）と指摘される。桶川ストーカー事件というのを皆さまは覚えておいでか。その遺族の父親が二〇一四年八月五日に、警察庁の有識者会議の委員として「LINE（ライン）やフェイスブック、ツイッターなどのソーシャル・ネットワーキング・サービス（SNS）を使ってしつこくメッセージを送る行為を新たに規制対象に加えること」等を求め、「すぐに実践、実行しなければまた次の命が奪われかねない。対策は待ったなしだ」（朝日新聞、二〇一四年八月六日）と訴える。

この切迫を前に、芸能人と一般人は違う、と言っていていいのか。

二〇一四年六月、ＡＫＢ48のメンバーが握手会で切り付けられた。相手を傷つける事件は昭和時代からある。だが圧倒的ファンは良識があり、よき応援者であるという前提が、ファンを総じてストーカー扱いしかねない誤解や弊害を恐れ、事件に対して芸能人は口を閉ざしがちだ。事件になって世間は知るが、事件にならないケースは事件にならないよう伏せられる。伏せることで多数のファンと芸能人の利害が一致した。

世間に認知される＝ストーカーに狙われる、を生きてきた芸能界側から発信することはたくさんある。芸能界こそストーカー対策の知恵の宝庫だというのに、一般人と〝違う〟とか〝夢〟やらで芸能界で身に着けた方法・法則を芸能人自身が囲い込んできた。

ちょっと考えたらわかることなのに。

なぜ一般人よりもストーカーが多い職業なのに殺害ケースがほぼないのか。それは独自のノウハウを持っているからだ。ノウハウのひとつに〝眼識〟がある。大切なキーワードなのでここで記しておきたい。それは、ファンを見る関心の深さや経験によって培われる、観察眼・洞察力・人の見分け方・見立て、といえばいいか。後に詳しく書くが、〝眼識〟は本書の大きなメッセージだと最初に伝えておきたい。

芸能人は、我が身は守りつつ利益を得、光を前面に打ち出し、負の側面を些細なこととして振舞う。それを真に受けた一般の人が、まんまと無防備に自身の写真や動画を発信し、個人情報をやり取りし、無邪気に他人と出会い、エライ目に合っている。

プロが技を隠すことと、素人さんたちが事件に巻き込まれることと無縁といえるのか。

昔、先輩芸能人が、霊能者・占い師を番組に呼んだプロデューサーに怒声を浴びせるのを見た。

「メディアが霊能者を肯定的に放送することが、世間の悪徳霊感商法の後押しをしていることになぜ気づかないか。霊がいる霊がいると放送し、霊感商法に騙された被害者たちにどう責任を取るつもりか」

メディアに責任というものがあるのなら、先輩の言葉は現代、こう言い換えられる。

「メディアが芸能人を肯定的に放送することが、世間のストーカー被害の後押しをしていることになぜ気づかないか。夢がある夢があると放送し、ストーカーに殺害された犠牲者にどう責任を取るつもりか」

本書に使用するデータは年ごとに古くなる。だが、長年の歳月をもってしても、いまだに自己防衛対策に目新しいものはなく、「解決のアイデアを」と被害者遺族にいわしめる深刻さもそのままだ。ストーカー規制法の〝規制〟をどれほど強化しようが広げようが、そのラインの向こうには必ず未開の領域があり、そこが狙われる。

いずれ書く時が来るだろうと、たまたま取っておいた記事がある。

二〇一三年三月の朝日新聞。「兵庫県内で昨年1年間で摘発されたストーカー規制法違反事件は4年連続で全国最多」

〝全国最多〟。後に、ストーカー対策の専門家が兵庫県の取り組みを参考にすべきだという意見も出すくらい摘発に頑張った兵庫県の他のデータもついでに見てみる。

「傷害や脅迫容疑の立件を含めても、ストーカー事件は過去最多の135件で全国1位。相談や通報などで把握したストーカーの件数は1163件で全国3位」（朝日新聞デジタル、二〇一三年三月二四日掲載）

〝過去最多〟。この文字が、後に紹介する全国版最新データでも更新されていく。

兵庫県で立件された内容当時の年齢は二四歳から七九歳まで幅広い。元交際相手、元夫、知人、面識なし、と関係性も多様……。

偶然、たまたま目にした兵庫県のデータだけ見ても、わかることがある。

ストーカー被害は増加傾向にあり、勢いを止められない。どの世代でも起こり得て、知らない人物からも被害に遭う。特別な誰かの不運な事件ではなく、私自身に起きた出来事も単に職業上だからではない。誰にも起こることが私にも起こったのであり、この経験から得たことは「夢を壊すから」と芸能人仲間で隠し持つノウハウではなく、そろそろ公表し普遍化し役立ててもらう時代がきたということなのだと、私自身そう解釈している。

もちろん私なんかが芸能界を代弁できる立場ではなく、私の情報を〝解決策〟と銘打つつもりもない。が、たかが個人の経験として隠すべき負の側面から、表に出すべき情報になったと、漠然とした確信はある。

参考　三鷹市ストーカー事件について

東京都三鷹市の住宅街にある自宅近くで、女優を目指して演技レッスンを受けていた鈴木沙彩（さあや）さん（18）が、２０１３年10月８日、刺されて死亡。「つきまとい被害にあっている」と親と共に訴えた署の窓口となった生活安全課では、池永チャールストーマス容疑者（21）の携帯電話に３度連絡したがつながらず、鈴木さん親子はそのまま署を後に帰宅直後のことだった。容疑者は被害者の家に潜伏していたと報道されている。（朝日新聞デジタル、二〇一三年一〇月三〇日掲載）

本書ではプライバシー保護のため、事実を一部変えて表現しています。（編集部）

第1章 ストーカーは近所にいる

ケース1 不法侵入

1　警察で見た犯罪者の顔――冷酷な奴ほど、泣く

「ひいいいい」という悲鳴

私は引っ越しをするたびに警察署に行く。警察の許可が必要な各種免許を持つ。更新時には行く頻度も高い。一日警察署署長などのイベントに駆り出されたりもする。用事で警察に行ったはずが「ひったくり防止のティッシュを一緒に配って」と玄関でタスキをかけられたりするほど保安課は行き慣れた場所だ。そこでたまに見る光景がある。逮捕されたばかりの犯人とおぼしき男が警察官数人に取調室に連行される場面だ。今逮捕されたばかりと思わされるのは、男の様子がそれを物語るからだ。逮捕自体は警察官には日常だから、彼らは淡々と連行するが、犯人のほうは違う。

「もう二度と、二度としませんから。お願いします。助けてください。許してください。もう二度としません。約束します。ほんの出来心なんです。初めてなんです。お願いです」

なりふり構わず憐みを乞い、手錠やヒモがなければ土下座でもしただろう勢いで猛省を口走る。許してもらうためには何でもやってのけられる必死さ。身体は大きく揺れ、甲高い声を振

り絞り、何度も頭を下げた。ここまで自尊心を捨てさせる断末魔「ひいいいい」という声は恐怖が吐かせる悲鳴なのか。

警察官は冷静だ。「なにが初めてか。これだけの猥褻写真を撮っておいて。こんなにたくさんあるじゃないか。常習犯のやり慣れた手口だ。証拠だらけだ」

そしてワーワーヒーヒー言う男を取調室に連れていく。

今でも私は男の「ひいいいい」という声を覚えている。なぜ男がパニックになったか。いまどき拷問があるわけじゃなし、悲鳴をあげるに足る人生がそこにあったということか。男の人生（仕事や家族）が、逮捕によって壊れる絶望が悲鳴になったのか。仮に男が単身で職もなく、逮捕されようが野垂れ死にしようが嘆く身内もなければパニックを引き起こすだろうか。

部下や家族に見せる別の顔のある男だと仮定してみた。一人の人間の中に、上司や父の顔から「ひいいい」という惨めな断末魔の声を出す顔まであるなら、人間というのはなんと振れ幅の大きい、ぬかるみのような闇を持つ生き物だろう。その顔を見慣れた警官というのは、死を見慣れた医師のように冷静だ。罪を犯しても自分だけは助かりたい「ひいいい」を前に、沈鬱な表情で仕事をしていた。

強者が弱者に、弱者が強者に

ある刑事が私に言った。

「人間はな、やっててもやってませんと涙まで流せる生き物なんや」

付け加えて言った。

「高校生から大人までそれができるんやで。自分だけは助かりたいからな」

助かりたさが迫真の演技をさせる。だがその痛みの方向性は自分にのみ向けられ、被害者の痛みは無視できる。

とことん冷酷なくせに極端に恐がりということが、一人の人間の中で成立する。

心理カウンセラーが書いた本で似た事例を見つけた。
男性ストーカーが女性に金銭を要求し、猥褻写真をばらまくぞと脅した。
「彼女を前歯が二本折れ、左目が一時失明状態になるほど激しくなんども殴った」（荒木創造『ストーカーの心理』講談社プラスアルファ新書、二〇〇一年）
逮捕された男性の言葉が興味深い。
「『えっ、こんなことあり?』って感じで、ただ、意外というか、現実感がないというか。それから、『困った!』と思いました。自分の仕事、家族、すべて失いかねないな」（同書）
相手が自分より弱ければ残忍にも卑劣にもなれ、自分より強い者には迫真の弱者へ豹変する姿を私は警察で何度も見てきた。

その犯人像とストーカー加害者は違うタイプか、同類か。
ここからは、私が経験した三つのケースから考えてみたい。

2 ストーカー規制法前に登場した男

近所づきあいが緊密な土地

それはまだストーカーという言葉のない時代で、ストーカー規制法も当然なかった。玄関を出た私とたった一度、道ですれ違った男。その男がその後私の実家に家宅侵入し、家を占拠した。それが頻繁に続くことになる。男は「遙さんのファン」という。

実家は古い土地で、一軒家が並び地域交流が世代を超えて確立している。一戸建て住戸の家同士、玄関の鍵をかける人のほうが少ない時代だった。

「おる？」

そういって、いるのがわかっていて互いの家を行き来する村的交流が代々引き継がれる。私自身小学生の頃、寝室で腹痛で泣いていたら、近所の婦人が「お宅の娘さん泣いてる」と、リビングでテレビに夢中の親に知らせに来てくれたことがある。深夜だった。誰がわざわざ布団を出て外出してまで近所の泣き声に介入してくれるだろう。

今、「上階でドタバタ尋常じゃない音がし、やがて静かになった後、実は上階の女性が乱暴され殺害されたとニュースで知った。それはすごい音だった」と語れる階下の男性のニュース映像を唖然と見る。「尋常じゃない」と感じても自ら動こうとしない感性は、「泣き声」だけで深夜駆けつけてくれる環境で育った私には想像し難い。

二〇一四年の大阪市平野区の事件でも同様だ。「叫び声で目を覚ました現場近くに住む人」が取材に答えた。「キラキラとした物は持っているなと。刺しているのはわからなくて首を絞めているのかなと。女の人が見えなくて男の人がすごい形相でぐっと」（NHKニュースウォッチ9より、二〇一四年五月二日）。叫び声を聞きながら「首を絞めているのかな」と〝思える〟地域とはどんな地域だ。

私が中学生の頃、親が留守の時に「今日ひとりやろ?」と、近所の婦人が晩御飯を持ってきた。親が老いてからは、町内で共に老いた婦人が家に上がり、老人同士の嫁の悪口が始まる。介護期には歩けるほうが寝たきりを尋ねる。そういう交流が確立した場所では鍵はかけなかった。〝代々の顔見知り〟は、一声かけてのち玄関を上がりリビングに入っていい通行証だった。その土地柄で孤独死は難しい。亡くなった親を押入れに隠し続けることも難しい。

昔、もうとっくに独立して久しい私が実家を訪ねたところ、留守で鍵がかかっていた。私が玄関でガチャガチャやっていたら、小学校低学年の少年が私のところに近づき首を傾げながら言った。

「だーれー？」

この時代になっても町内会には〝かかわりあう〟地域交流が生きているのを少年が証明した。私は少年が誰かを知っている。見たこともないのに名前まで知っている。お向かいにやってきた新婚さんの子で、兄弟構成も、親たちも、その少年の性格も、全部、実家から聞いて知っている。

「ああ、これがあの少年だ」

〝不審者〟と映った私に対し、「お前は誰か」と少年が問うてくる。危機管理意識は当事者に自覚させることなく、自分の家のみならず他人の家にまで及んでいた。

「あなた〇〇くんでしょ」

「うん」

「私はね。ここの家の人。君がしょっちゅう喋っているここのおばちゃんの、妹。わかる？」

「わかる」

少年の安堵の笑顔をじっと眺めた。私もこの少年と同じ年頃の時期をここで過ごし、その少年の祖母が、深夜に私の泣き声を聞きつけ駆けつけてくれたから。

そんな安全な地域にファンを名乗る突然の侵入者がやってきた。

芸能界がどういう職業かもわからず（私自身も入るまでわからなかった）、〝ファン〟が安全か危険かもわからない（多くは安全だ）、素人の老親にとって、まるで自分の家のように許可なく自由に出入りする見知らぬ男。

叫ぶべき対象か、お茶を出す対象かの判断すらつかなかっただろう。見知らぬ男が勝手にリビングに上がる、ということの異常さは老親にも分かるようだが、それが、娘の職業を思って順応すべき事態か、排除すべき危険かの判断に戸惑った。だから私に報告した。

「お前のファンだそうや……。ただ勝手に上がってくる……。一度、お前と会ったそうや」

その言葉でピンときた。あの道ですれ違った男。容姿を聞いて確信した。私の印象ではまず無職。家族なし。栄養不良の独特の生活の荒みが全身から漂う。四〇代から五〇代くらいの男。その男が私の家族という聖域に踏み込んだ。

「ファン」という名の侵入者

ファン。都合のいい言葉だ。〝好き〟も同様。いかようにも使える。「好きだから殴った」と、「ファンだから侵入した」。された側は、「はて」と戸惑う。〝好き〟や〝ファン〟という言葉が放つプラスイメージと行動の身勝手さに納得がいかないまま、下手すると暴れるほどに「それほど好きだ」が成立してしまう厄介さ。人間の脳は身体感覚より言葉のほうに支配されている。DVという言葉が誕生して初めて「これは暴力だ」になり、ストーカーという言葉が誕生してやっと「これがつきまとい行為か」とその加害性を知る。言葉が誕生するまではファンだろうが恋愛だろうが、共通用語は「好き」。殴られても別れない女性がいるように、家宅侵入されてもどうしていいか分からない親がそこにいた。

「お前のことを好きというから」

〝ファン〟に親の遺骨を盗まれた芸能人もいた。犯罪だが世間の反応は「それほど〝好き〟」という見方もあり、「とんでもないことだ」という声が消えた時、その芸能人に同情した。

私の場合、私の留守中見知らぬ男が「好き」を理由に勝手に上がり込み、老親のいるリビングに日中居座り続け家を占拠し私の帰りを待ち、気ままに去った。

帰宅後それを聞かされた私は、そんな危険な状況で戸惑い程度の家族の無自覚さのほうが喫緊の課題だった。これがいかに異常で危険かを説得した。だが、近隣一帯に祖母から孫まで混在しあう地域で「鍵をかける」発想は老人達にはない。日に何度も「おばーちゃん」と孫や嫁が自由に出入りする。他人の家の孫も自由に出入りする。私の犬もご近所宅に出入りする。「洋子ちゃんの犬」とわかっていればフンをしようがおしっこしようが、怒るどころか面倒を見た。何度も警察に出向き、男の件を相談したが、「パトロールの回数を増やします」「鍵をかけてください」という回答しかない。何世代もかけて地域で作り上げた幸福を「鍵」で遮断する発想は、私も親に無理強いしきれず暗澹たる思いで過ごした。

やがて男の家宅侵入の頻度は増す。ある日、帰宅すると庭の両開きの門の一枚が壊れて閉まらなくなっていた。母に聞くと、父が男の侵入を拒絶し格闘した結果なのだそうだ。当時父は七〇代だった。母が父の格闘を「あほちゃうか。門をつぶして」と責めていた。母の怒りの矛先は、男にではなく父にある。父にようやく、「これはおかしい」というセンサーが誕生した。見知らぬ男が勝手に家に侵入しようとしたら、門が破壊するほど激しく戦って当然、という感覚が父には生じても母にはない。身に迫る危険を鈍らせ「門を壊した」と父を責め続ける母の脳の強靭な核には、男の吐く「娘さんが好き」という言葉がある。

私は違う。本当のファンは無為にアプローチせず静かに遠いところから応援してくれることを知っている。言葉が「好き」だろうが「愛している」だろうが、拒絶する人間を押し倒してでも家に踏み込む行為には虫唾の走る嫌悪があった。

男は数日に一回は来るようになり数カ月が過ぎた。頻度が増す中、どの状況下で来るかの条件が浮かび上がった。男が来ない日には庭に兄の車が駐車していた。私を待っているくせに夕方にはそそくさと立ち去るのは兄が戻るからだ。兄夫婦のいない老親の在宅時のみを狙ってくることがわかった。兄ならその男と対等に渡り合える。だが兄の在宅時には男は一〇〇％こない。男は極めて冷静で周到だ。兄夫婦も芸能界に疎く、「ファンがくる」認知しかできない。緊迫感も危険性も感じていない。親の報告も、ただでさえ愚痴が多い老親の、ひとつ増えた愚痴としてしか兄には届かない。私が男とすれ違った時に感じた、「この男は危険だ」という印象が、どこにいても何をしてもつきまとった。

「包丁もってこい！」

「パトロールします」という警察。繰り返される男の侵入。そのたびに戦い、負ける父。戦ったことを責める母。そんなある日、偶然私が実家にいる時にその瞬間はやってきた。

リビングで私は近所に住む小学生の甥とトランプをしていた。

インターホンも鳴らず玄関のドアが開いた。家族なら「ただいま」と言って開く。ご近所ならインターホンを鳴らした直後、一声かけて開く。

無音で玄関が開く。

それが異常を私に知らせた。瞬間、私とその男の目が合った。やはりあの時の男。全身を覆う荒んだ空気はそのままだった。男はうつむき加減に無言のまま慣れた様子で片方の靴を脱ぐ。そうか。お前はいつもこうやって堂々と無言で他人の家に押し入っていたのか。百聞は一見にしかず。お前はそうやって扉を開けたのか。お前はそうやって靴を脱いだのか。お前はそうやって当然のようにあがりがまちに足を乗せ、当然のようにリビングに座り当然のようにお茶を要求し占拠したのか。私の家を。私の親を。リビングのドアが開くなり、見たことのない男が入りテーブルに黙って座られる時の親の恐怖が手に取るようにわかった。

こんな怖い思いを辛抱していたのか……。

私はこれまで生きてきたうちで、一番大きな声を出した。

「入るな！」

男は無視してもう片方の靴を脱ぐ。

「出ていけ！　入るな！　出ていけこら！」怒鳴りながらリビングから玄関に走り出て、あがりがまちで仁王立ちした。男は無視して一歩足を上げようとする。私の数メートル背後、リビングの扉の裏に甥が怯えて立つ。「なにを勝手に他人の家にあがっとんじゃ。出ていけ！」。男は私と視線も合わせずただ片足上げられる場所を他に選ぼうとした。私は甥に「包丁もってこい」と叫んだ。

「上がったら刺すぞこら。ただじゃおかんぞこら。はよ包丁もってこい！」

甥は恐怖のあまりすくんで動けない。武器になるものは周りにない。甥に喉が裂けるほど強く命令した。

「包丁もってこい言うてるやろ！」ようやく甥は目が覚めたように包丁を取りに走った。

男に言った。

「一歩でも家に上がってみろ。刺すぞこら」

甥が包丁を持ってきた。

直後、何を思ったかおもむろに男は脱いだ靴を履き始め、堂々と何ごともなかったかのように無言でヘラヘラと出て行った。

時間にしたら数分の出来事だっただろう。甥は「こわい」と言って包丁を持ったまましゃがみ泣きはじめる。子どもといえども〝その瞬間〟は泣かない。その瞬間が去り安全が戻り緊張がほどけた時に、泣く。甥が包丁を私に手渡した次は「刺すぞこら」が現実味を増す。私が刺されたかもしれない。しかし〝その瞬間〟というのは経験するとわかるが死を意識しない。結果、どちらかの死があるかもしれないだけのことで、〝その瞬間〟はただ「許さない」といった感情があるのみだった。

無言で堂々と去る男の余裕を見て、あの男はまたやってくるという予感と、あらためて危険な類の男だという確信をもった。それらのセンサーを持てない凡庸に暮らしてきた素人の家族や子どもたちを「守らねば。しかしどうやって」と私もしゃがみこんだ。

家族は、「好き」を言い続ける男の不気味な侵入と同時に、鍵をかけず孫たちと会い続けるという両方の現実を選び続けた。

私はバットを玄関に置いた。

予感どおり、男はまた何度も兄の留守中に家に居座り続けた。男が私と鉢合わせすることはなかった。

3　警察の限界

逮捕できなかった時代

警察へは何度も相談に通った。しかし「鍵かけてください」と「パトロールを増やします」しかない。担当刑事に言った。

「地元警察なのだから、男がどんなやつでどこの誰か、もうわかってるんでしょ?」

「わかっている。ロクでもないやつや。あっちこっちで悪いことをしている」

「じゃ、さっさと捕まえてください」

「捕まえる方法がないんや」

「なぜ?　勝手に他人の家に入っておいて?　年寄り脅して居座っておいて?」

「被害がない。男はあくまで遙さんが好きと言いよるんやろ?」

「好きとさえ口にしたらこんなに恐怖の日々を送っている私達に被害がないと?」

「逮捕するに足る被害や。これが軽く殴られるとか、軽く何か怪我でもしてくれたら傷害で逮捕できるんやが……。でも軽いと逮捕してもすぐ出てきよる。またご両親が年寄りやしなぁ

「……」

「家宅侵入は？」

「現行犯なら逮捕できる。でもずーっと家にいてやがて帰っていくんやろ？ それは家宅侵入には当たらんのや」

「どういう条件なら当たるのですか」

「今、家宅侵入されているという一一〇番通報があるか、侵入後、逃走中か。もうとっくに帰宅して自分の家でくつろいでいる犯人を、家宅侵入では逮捕できんのや。我々が逮捕できるのは、現行犯か、逃走中や」

「そんなばかな。他人の家に許可なく上がっておいて何も逮捕できる方法がないなんて」

「われわれも逮捕したい。でも、できる方法が見つからんのや」

担当刑事の頭を抱える様子を見ながら、法律の不完全さを知った。

この壁は後に、二〇一二年に起きた逗子ストーカー事件にも繋がる。その時代、ストーカー規制法はできていた。だがメール一〇〇〇通でも「電子メールを送信してくること」の項目が法律に盛り込まれていなかったため逮捕できず、被害者は殺害された。

同様に、つきまとい行為「住居等に押し掛けること」という法律がなかった私の時代、一〇〇〇回住居に押し掛けられても、逮捕できなかった。

警察署長を怒鳴りつける

私が男と偶然鉢合わせした衝撃は、いつまでもぐうたらしていたら、とんでもない悲劇が将来待ち受ける予感というか、危機センサーを一気にヒートアップした。そこからなぜそういう状況になったのかは思い出せないが、私が警察署長に向かって怒鳴っているところから覚えている。どうやって担当刑事を超えて署長に会えたのか。おそらく……ブチ切れたのだろう。デスクに座る署長に向かって私は指をさし、立ったまま怒鳴った。

私の声が署内に響き渡るよう意識して声を張った。

「よーく聞きなさい署長。これだけ訴えてもあんたたち警察官が逮捕しない、できないというのなら、今度あの男が家に来たら、私はバットで男を殴り殺す。そのためのバットも買った。あと一回、私がいる時にあの男が来たら必ず殺す。そしてその後、記者会見をする。ここの警察がいかに動かず、守らず、悲鳴に耳をふさいだかを記者会見ですべて公表してやる。その時に、あんたの実名も公表する。何度も何度もあんたが、××××署長が動かなかったから私が殺した、と、私は記者たちに言う。すべては署長が動かなかったからだと言う」

そして周りの警察官たちにも指をさして一人ずつ目を合わせて言った。

「みんなの親、いったい何歳や。何が一一〇番しろだと。突然侵入する犯人が家にいる間に、高齢者がこそっと目を盗んで一一〇番できると、あんたたち本気でそんなこと信じてるのか。

一一〇番が何番かわからんのが高齢者やないのか。あんたの親何歳や。あんたは。あんたは。あんたは。ここにいる全員の親、みな高齢者やろうが。犯人が家にいるんやで。どーやって一一〇番せえっちゅーねん。鍵かけろやと？　近所付き合いという高齢者の唯一の楽しみ奪ってどうするんや。ヒザが痛いのにいちいち人が来るたびに鍵を開けに玄関に出られると本気で思っているんか。もう家を出られない高齢やから家におるんやろ。キンコン鳴るたびに、はいはい玄関に出られるのならとっくに鍵かけとるわ。鍵かけた途端、高齢者は孤立する。犯人がどこの誰かわかっているのにそれを逮捕せんと、被害者の高齢者のほうの人生の幸福をあきらめろと言うんか。そんな本末転倒な話があるか。パトロールするやと？　それがなんの役に立つねん。偶然犯人と鉢合わせできるパトカーがあると本気で思ってんのか。パトカーがおったら犯人は来ない。パトカーが去った後、犯人は来る。アホでもわかるわ。パトカーやなくても兄の車が庭にあるだけで犯人は来ない。恐い人間がいない時を狙ってくる。こんなん犯罪心理の基本ちゃうんか。いつまでも茶を濁してここでぐうたら座っていたらええねん。警察が、いや、×××署長が動かないから、私が動きます。今日は相談しに来たんやない。警察にちんたら相談してたらこっちが犯人に殺されるのがよーく分かった。警察に絶望したから今日は宣言しにやってきました。あの男は、×××署長が動かないから、働かないから、どうしても動きたくないというから、男に殺される前に私が男を殺します。いいですね。みなさん聞こえましたね。私が殺します。宣言しましたから。聞いてなかったとは言わせない」

そして最後に署長をまた指さした。

「そーやって、あんたはじーっとそこに座っときなさい」

そして、帰った。


犠牲者が出たストーカー事件では、その書籍に似た光景が描かれる。

一九九九年の桶川ストーカー殺人事件。犠牲者の女性は警察に、「何度も何度もこのままでは殺されてしまうって言ったのに……」とある。

やがて「家族会議を開き、一家で団結して」とある（清水潔『桶川ストーカー殺人事件――遺言』新潮社、二〇〇四年）。

私は違った。

ストーカー被害はそのタイプも多様で一概に言えないところが多い。私は警察に「私が殺す」と言い、家族は何ひとつ団結しなかった。

桶川事件ではそれを取材した書籍に犯人たちの様子が描かれた。

「玄関のチャイムが鳴っていた。続いて、ドスのきいた男達の怒鳴り声がした。「詩織さんいますかぁ。上がらせてもらいまーす」やくざのような話し方だった。（略）そこにいたのは小松と見知らぬ男が二人。「なんですか、あなたたち。帰ってください」母親がまず応対した。しかし、男達はどんどん家に上がり込んだ」（同書）

家族が団結しても犯人は上がり込む。

私のように家族が団結しなくても、犯人は上がり込む。

上がり込もうと思った人間は、なにがどうであれ、上がり込む。

家族にはわからない危険性

後日、兄嫁から嫌悪感を隠さず報告があった。

「あんた。警察行ってえらい騒いだんやてな」

「なんで知ってるの」

「今日、警察の人が来て教えてくれはった」

「どういうふうに。何をしに来たん」

「妹さん、怒ったらいつもあんなんですか、言うてはった」

「どういう意味」

「すごかったらしいわ。二時間も怒鳴ったらしいな」

兄嫁は眉をしかめた。危険センサーが働かない兄嫁には〝騒ぎすぎる妹〟が恥らしい。

その時、声を張ったまま機関銃のように二時間わめいたのかと冷静に自分を理解した。いずれにせよ警察が家に来た。兄嫁の表情とは別に私には朗報だった。

「家族の意向はと尋ねられたわ」

「どう返事したの」

「確かに困ってはいるけど、妹ほどじゃないと答えたわ」

「……」

私にはわかる、あの男の危険さが。だが家族にはわからない。この焦燥感がいつもつきまとう。せっかく警察が重い腰を上げたというのに。「別に」と追い返してしまう家族。だがその実、恐怖心を抱いたまま曖昧にその場をやり過ごす老親。男がどうやって上がり込むかの現場を目撃していない兄夫婦。

警察沙汰になるくらいなら、この異常な日常を受け入れようと努める古い土地柄特有の保守性。「だって〝好きだ〟と言うから」……。ストーカーという概念のない時代の、今日のようにストーカーに家族までもが殺されていくニュースがなかった時代の、鈍りきった平和な人たちが私の家族だった。

これは何も家族のみに見られる傾向とは言えないと知ったのは、逗子ストーカー事件の被害者遺族資料にある「被害者支援の内容」によってだった。

「被害者への注意喚起」として「被害者は危険性を認識していない」とある（警察庁　生活安全の確保　資料3より）。

私はその危険性を過剰なまでに認識した。だがここに、被害者は危険性を〝認識していない〟と。

三鷹市ストーカー事件でも被害女性は「口頭や文書での警告は求めたものの、検挙にただちにつながる刑事手続きまでは望まなかったとのことだ。その結果、警察は差し迫った危険はないと判断し」た、とある（福井裕輝『ストーカー病』）。

その数時間後被害者は殺害された。

二〇一四年の平野区の事件でも警察が「刑事告訴、自宅を出て身を隠すよう勧める」（NHKニュースウォッチ9より、二〇一四年五月二日）のを断ったのは被害女性のほうという。

その一カ月後女性は殺害された。

危険性の認知のこの差はどこにあるのだろう。

ひょっとしたら、私の家族のみが危険性に鈍いのではなく、ごく一般の、それこそ被害者自身ですら〝危険性〟というのは感じにくいものなのかもしれない。

事件はテレビのニュースで見るもので、そんな悲劇はわが身には起こらないと思って暮らしているのか、警察に相談しているのにだ。穏便に済ませたいという保守性か。

署内でクラクションを鳴らし続けたが

〝危険性〟の察知力の弱さは警察も一緒だ。今から紹介するストーカーは上記のものとは別件で、短期間で解決した例だ。

私の車から離れず、私の車の前や後ろを執拗に車でつきまとわれていた時期がある。カーチェイスのように逃げて走る最中、ちょうど警察署があったので私はそこに入って助けを求めようとした。急ハンドルで入った警察署は、幸運にも駐車場に向かって署内の窓が全開している建物だった。窓の真正面に車を止めた。ストーカーの車も警察署に入ってきて私の横にピタリと付いた。私は車のドアをロックしクラクションを鳴らし続けた。

ある警察官が鳴り止まない私の車に気づいてくれた。怪訝な顔でデスクから窓に近づいてくる。夜、電球で明るい署内がよく見えた。そのまま「何してるんだ」と署から外に出てきてくれるのを待った。警官はしばらく窓から私の車を眺め、再度、デスクに座った。まだ携帯電話が普及していない時代だった。やがてストーカーは車ごと立ち去った。直後、私は署内に駆け込み「なぜ、助けてくれないんですか！　こんなにクラクションを鳴らし続けたのになぜ！なぜ！」と叫んだ。

数日後その男を捕まえたという連絡が入った。私は警察に出向き、私の調書を取るために取調室にいた刑事に聞いた。

「すでにあの日立ち去った男なのに、なぜ捕まえられたんですか」

「あの夜、念のため周りを捜査すると警察署を出てすぐの草むらに隠れている男がいてね。免許証を出させたんだ。この男ですか」

その男だった。

「本人がいるので実物を見てもらえますか」

「見ます」

「この男で間違いないですか」

「はい。間違いありません」

「じゃ、面がとれたので逮捕。告訴しますか」

「します」

「面倒ですよ。よろしいですか」

「面倒でもします」

その男の卑劣さが告訴という面倒な手続きを決断させた。いったん帰ったと私に思わせておいて、実は草むらで待ち伏せしていた。警察に免許証の提示を求められた想定外の事態で男は帰宅したにすぎない。だがそれが逮捕のきっかけになった。

後手ながらも、念のため警察署の周りを歩いた警察官の対応はさすがだった。

ところで、と、担当刑事が私に聞いた。

「僕はその時そこにいなかったのだけど、その夜どれくらいクラクションを鳴らしたんですか」

「五分間くらい。男が立ち去るまでずっと」

「鳴らしっぱなしで？」

「鳴らしっぱなしです」

「……それが不思議なんだ。なぜ、そんな不審車が警察署内にいるのに、署員が誰ひとり外に出なかったんだろう」

交通法での逮捕

この〝なぜ〟は警察のストーカー対応でよく批判される。

二〇一二年一一月、「神奈川県逗子市の女性が元交際相手の男に刺殺される事件が発生。過去に男を逮捕した際、女性から知らせないよう要望されていたのに、結婚後の姓や住所を逮捕状に記載し、読み上げた失態」(朝日新聞デジタル、二〇一三年六月一三日掲載)

二〇一一年一二月、「ストーカー被害を訴えていた女性の母と祖母が殺害された事件で、(中略)ストーカー被害を訴えていた女性が千葉県警習志野署に被害届を出そうとしたが、受理を一週間先送りして慰安旅行に行ったことが明らかになり、問題となった」(朝日新聞デジタル、二〇一三年六月四日掲載)

私のつきまといストーカーの件は、犯人逮捕で終焉を迎えた。あくまで道路交通法違反での逮捕だ。まだストーカー規制法はない。「なぜ!」と警察を責めたが、念のため周りを見まわるというひと手間、一応免許証を提示させ控えをとっておくひと手間、それをやったのも警察だ。後に私の証言どおりの車両かどうか調べ、本人の任意同行で追及し吐かせ、犯人だと確信した後に、私に連絡があったのはしばらくたってからだった。これは私が「助けて」と警察に飛び込んだ時間軸でのことだから、逮捕へとすんなり流れた。

犯人の親は会社の社長、と警察が教えてくれた。親の社会的メンツが男のストーキングを終わらせた。

私の実家に家宅侵入する男の件もやがて、警察の力を借りることになる。ただそれには、道路交通法違反での逮捕とは比較にならない膨大な歳月と持久戦が待ち受けていた。

4 司法の限界

前例なく、プライバシーライン低い

弁護士に相談に行った。刑事でダメなら民事でなんとかならないか。

家族を守る手段はないか助けを求めた。

ストーカーという言葉のない時代、弁護士も頭を抱えた。私につきまとう男なのだから被害者は私だが、実質迷惑を被り危険にさらされているのは家族。このズレ。私を「好き」と言い、私の家で日中を気ままに過ごしている男を訴える方法はないか調べてくれたが、〝前例のな

さ〟が壁になった。

ストーカーという概念がないので、過去にある恋愛の刃傷沙汰か、逆恨みの傷害事件か。それらすべての可能性を孕む危険性を名づける言葉がない。言葉がないものには〝前例〟もない。

これは後に生まれる〝ストーカー〟という言葉やそれに基づく法律ができたところで、「だがこのケースに関してのみ前例がない。それを明記した法律もない」という穴が常に待つ。

二つ目の大きな壁は、私が〝芸能人〟ということだと弁護士は言った。

一般人ならプライバシー侵害として訴えやすい。だが芸能人の場合、一般人と違い守られるべきプライバシーのラインは裁判官によって低く判断される。不倫を公表されたら一般人ならプライバシー侵害で訴えられても、芸能人なら泣き寝入りだ。芸能人自身が、結婚しました、子ども産みましたと、プライバシーを商品にしている。都合の悪い時のみ「プライバシー侵害」という主張は共感を得にくいそうだ。それは理解できる。だからといって私の知らない男が「好き」を理由に私の家で勝手気ままに過ごすというのを訴える方法がない、というのは納得できない。

弁護士は私の実家を調べに来てくれた。男の身辺調査もし、結論を出した。

「難しい。」

これが弁護士の結論だ。理由は、訴訟というのは相手が一般的な生活を営む人間に対しては効果が期待できるが、この男は無職。仮に男が勤務する企業があれば、そこに道義的責任を働きかけることもできる。男になんらかの打撃を社会的、金銭的に与えられる〝相手〟がある。だが無職の男にはその相手が存在しない。

次に、家族がない。お宅の夫がこんな迷惑行為をしていると訴えられる妻もいなければ、父として恥ずかしくないのかと思わせる子もない。家族という構成員がないと行動抑制を働きかける手段が、ない。

そのうえに、金がない。ボロアパートに住み、そこの家賃も滞納していた。大家が追い出したくても出て行かない。金のない人間に慰謝料を請求したところで、ないのだから家賃同様、払えない。そもそもそんな男を住まわせる大家自身も積極的解決に協力するつもりはないという。

つまり……、弁護士は結論を言った。

「何も持たない者ほど強い者はないのです」

社会的立場、地域社会とのつながり、家族、預金、この男は何ひとつ持たなかった。そういう男には法律も警察も弁護士も、手も足も出ない。有り余る時間と鬱屈を私につきまとうことで解消する男。何か大きな罪に問うなら、それに足る惨劇をこちらがまず被らねばならない。それを避けるために刑事民事で対応を練っても何もできることがない。

仮に、ガンを早期発見できているのに、「末期になったら手術できます」と医療に突き返されたかのようなあり得なさが、刑事民事ではある。あきらかにここに深刻な被害があり、命を落としかねない危険性を訴えているのに、「今はなにもできません。惨劇後逮捕できます」「効果が期待できないから、民事対象外」……。

昔から親身になってくれている弁護士のそれが結論だった。

「何も持たない男には、勝てない」

5　警備会社の限界

個人宅は対象外

男は相変わらず数日に一度は私の家に侵入していた。私の耳に入ると警察で騒ぐので、それを阻止したい家族は私に情報を伏せるようになった。よくない方向へ流れていった。保守的な土地で平和に暮らしてきた人たちというのは〝争い〟を遠ざける。それが生活の知恵なのだろう。だがあの男は危険だ。家族にはそれがわからない。高齢の父のみ怪我が増えていった。自分の無力に憮然と押し黙る父。母は相変わらず父を責める。家族が内緒にしても、私は父の新しい傷で男の侵入に気づくことができた。傷は「父が負けて男が侵入した」証であり、「傷くらいで逮捕してもすぐ出てきよる」――刑事の言葉が家族の口を閉ざした。

私は電話帳で警備会社に電話をした。刑事も民事も男に手出しができないのなら家の前に警備員を二四時間立たせる。私が自分のお金で勝手に手配するのだから家族の理解は無用。甥や姪など子どもが被害に遭う恐怖もあった。

だがここにも壁があった。どの警備会社に依頼しても「企業相手しかやっていない。個人宅はやっていない」とけんもほろろに断られた。

「お金は払います」

「個人は対象外です」

その繰り返しだった。

数十件かけた。ある一社だけが違う反応をした。

「どうもお話をうかがってますと……」と電話の向こうの男性が語りだした。

「家を警備したい理由は、不特定な不審人物が建物に入るのを防ぐため、というより、確定している個人から守るため、ですよね」

「そうです」

「なら警備をつけなくても、その男さえお宅に行かなければいいんですよね」

「そうです」

「行かなくする方法はありますよ」

鼓動が高鳴った。

「どういう方法でしょうか」

「お会いしてお話ししましょう」

私はその警備会社の男性に会うことにした。

最適で最短の解決法

都心のホテルの喫茶室の角に席をとり、街の賑わいで会話が聞かれないよう配慮して警備会社の男性と会った。

「行かなくする方法とは、どういうことでしょうか」

「行けなくすればいいんです」

男性の表情は変わらなかった。私は動悸が激しくなる。

「行け……なくするとはどういう方法で?」

男性はこれ以上聞いてくれるなという表情で視線をわずかにそらして言った。

「それは当社におまかせください」

私は念押しした。

「お宅は警備会社ですか」

「そうです」

普通のビジネスマンだ。

「私が電話したのは警備会社で依頼したのは警備なのに、なぜこういう別の提案をされるのですか」

「お話を聞いていて、これが最適で最短の解決法だと思ったからです。警察にも弁護士にも見放され困っている人たちが我々のところに助けを求めてきます」

この時代はちょうど暴対法の施行に向けて社会が動き出している時代だった。

「暴対法施行の背景には、80年代に起きた山口組の分裂騒動に続く大規模抗争と、暴力団による資金獲得活動の多様化がある。（中略）バブル経済の時期には暴力団の資金獲得手段が知能化・巧妙化し、いわゆる「経済ヤクザ」化が進む。表向きは暴力団と無関係を装った「合法」企業を設立し、（中略）企業の倒産整理、債券取り立て、交通事故の示談といった民事問題や、一般市民の日常生活・経済取引に介入して不当な利益を得る「民事介入暴力」（民暴）もさかんになった」（『日本の論点２０１２』［暴力団についての基礎知識］）

私は警備会社に電話をし、警備会社の社員と会った。

だが、その警備会社はこの定義でいう合法企業かもしれない。彼らがやろうとしたことは一般市民の日常生活に介入して不当な利益を得ようとしたことになるのかもしれない。

仮にそうだとしよう。

代金を支払えば家族全員の安全が手に入るのなら、それが高い費用であっても私には納得ずくだ。ただ「行けなくする」という言葉に、新たな危険センサーが鳴った。

警察も弁護士も私に「何もしてやれることがない」と宣言した。「助ける方法がある」と手を差し伸べたのは、この警備会社だけだった。

6　暴対法の限界

暴対法イベントでの絶叫

一九九二年三月、「暴力団員による不当な行為の防止等に関する法律」(暴対法)が施行された。「これにより都道府県公安委員会は、一定の要件を満たすものを「指定暴力団」に指定し、その構成員が法で禁じた暴力的要求行為をおこなった場合、中止命令や再発防止命令を出せるようになった」(『日本の論点2012』〔暴力団についての基礎知識〕)。

これら一連の動きに対し、「住民側への弊害」を指摘する溝口敦氏は産経新聞のインタビューに答えたある組長の言葉を出す。

「厳しい取締まりになればなるほど、裏に潜っていき、進化していく方法を知っている」（同書、溝口敦「vol.01暴力団は根絶できるか」）

私は、裏に潜って進化した〝その筋の人〟と出会ったのだろうか。

もし暴対法の暴力団員による禁止行為に記載される「組の看板や提灯を掲げ」ていたら、私自らそこに出向くことはない。私が連絡したのは電話帳に載っている警備会社だ。会ったのも、「警備会社の社員」だ。

一方、市民の責務を明らかにする地方自治体の条例である暴排条例について、溝口敦氏はその理念とするところを、以下のように要約している。

「暴力団を恐れない」「暴力団に金を出さない」「暴力団を利用しない」「暴力団と交際しない」（同書）。

それらを「暴排条例の担い手は暴力団ではなく、住民である」という。市民が個人レベルで真っ向から暴力団員と思しき人物にノーを言う場合「ケガは自分持ち」（同書）という表現で。ほぼ同時期に警察庁は「住民に代わって暴力追放運動推進センター」というのを設置した。

これは「暴力団員による不当な被害行為の予防や、被害の救済に寄与することを目的とする」（同書）のだそうだが、私には自分が体験したものが仮にそれだったとしても「被害」ではなく「救済」にしか映らなかった。裏に潜った合法企業の社員というなら、確かに暴排条例の担い手は溝口氏のいう一市民の〝私〟。暴力団ではなく〝私〟が問われる。でもどうやって相手を見抜くのだ？

当時、警察は暴力団を根絶するための啓発イベントを積極的に開催していた。そして私がその啓発タレントに選ばれた。

警察に絶望し、民事に失望し、警備会社にも断られ、家族は団結せず、最後にどうやらワケありの警備会社だけが助けようと言った。警察というより、この社会機能の欺瞞、ウソくささに辟易していた当時の私に、その仕事が来たのだ。私は啓発活動について「どこまで市民を欺く気か、社会の建前上のルールは誰も助けてはくれないじゃないか。被害者になれば否応なしにわかる」と思った。

私は引き受けることにした。警察から当日やってくる偉い人物に会おうと思った。


ステージには警察の偉い人（肩書は忘れた）や学者が並び、啓発の〝花〟として若い私が並んだ。だが私は花なんかじゃない。社会のウソに怒りで血を流している。

シンポジウムによくある一〇分コメントの時に、会場中に血をばらまいた。

私は、今現在自分の置かれている状況を喋った。「いかに警察が役に立たなかったか、今現在も被害は解決せず膠着したまま。こんな状況下でなにが暴対法か。ここまで言われて悔しかったら私の被害を解決してみたらどうか。そしたら私は心から言える、ぜひ警察を頼りましょうと。今の私には、警察は助けてなんかくれない、としか言えない」と喋った。会場は凍りついた。

私は「助けてほしい」と私の言葉で言った。警察の出方を待った。その威信にかけて解決してくれるかと期待した。

「あの女を黙らせろ」

知人女性の夫が刑事をしていた。

女性を通してプライベートな顔見知りの人だった。彼を刑事として見たことはない。知人の夫としての穏やかな顔しか知らなかった。その夫が後日、私に言った。

「まえの暴対法のシンポジウムでえらい警察を責めたらしいな」

「そういうふうに、お耳に届いているのですね」

「実は、あのあと、僕が呼び出されてな」

「なぜ？ まったく関係ないのに？」

「遙さんとプライベートで知り合いだとどこかでリサーチしたんやろう。僕、上司から命令されたで」

「なにを」

「あの女を黙らせろって。僕は遙さんがどんな人か知っているから命令に背いたけどな。今やから言うけどな。あの時は大変やったで」

腹の奥深い所から怒りの笑いが込み上げた。地元警察が動かず警察幹部に助けを求めたら、「あの女を黙らせろ」。

暴対法の目指す、暴力団根絶については私にはそれを語るに足る相応の経験も見識もない。ただ「逮捕できる理由がない」「訴訟できる前例がない」と言っている限り、新しく誕生するまだネーミングがつかない犯罪は今後も無視される。ストーカー規制法が誕生するまでいったいどれほどの数の命が犠牲になったか。ストーカーという言葉ができてから被害件数が上昇したのではない。もっと過去、私の経験も含め、まだその名前がなかった時代から少なくない被害者が犠牲になっているはずだ。書類が「傷害事件」「殺人事件」と分類されたまで。私がそうだったように昔の被害者もまた、助けを公的機関に求めてきただろう。だが私がそうだったように、仕事も家族も社会からも孤立した人間の犯罪に対し、「何も持たない者が最強」の原則の前に抑制がきかず暴走を止められず、犠牲となった人もいたはずだ。

誰も助けてくれなかったとき、その筋の人がそっと手を差し伸べる。

暴排条例のいう「利用しない」「交際しない」の前に、誰かが助けてくれたなら、いったい誰がその筋の人の手を握り返すだろうか。暴対法や暴排条例のスローガンは正しいのだろうが、根本解決を置き去りにしている。

7 組織の限界、個人の可能性

「そのスジ、は絶対あかん」

私はふたたび弁護士に相談した。

「おそらくですが、その筋の人から解決の提案がありました。○△□万円です」

弁護士は瞬時に言った。

「絶対あかん。絶対あきません。絶対ですよ」

その言いようにただならぬものを感じ、理由を聞いた。

「僕は代々弁護士の家族です。父も弁護士だった。一度、その筋の人に助けてもらったら、それ以降その人の人生はずーっと金を要求され続ける。それが彼らのやり口です。一度でも世話になったらもう二度と縁が切れません。二度とですよ。そこから抜け出したくて助けてくれと来る人たちが、父の代から自分の代までいるわれわれ弁護士の顧客です。そういう人たちを自分も見てきた。父の代から見てきた。今現在も自分の顧客にいる。だから、絶対、その筋の人の差し出した手をつかんではなりません。絶対に！」

語気の荒さに、自分がよほど新たな危険領域の水際に立たされていると感じた。

だからといって現実の被害は変わらない。嫌悪と怒りに満ちた私には呆けたとしか思えない家族たちの「暴力を受け入れる」弱者の生き方が、「もっと痛い目に遭うよりはマシ」という新たな正解にも映りはじめた。


しばらくして再度警察が実家に来た。当初からの年配の担当刑事だった。

驚いたことに、ストーカー男の写真も持ってきていた。それ以外の男の写真も複数枚あった。犯人とそれ以外の男の写真をトランプのように私の母の前に並べ、聞いた。

「この中に、しょっちゅう家に勝手に上り込んでくる男はいますか?」

私には一目でわかる。だが、老いた母には選べなかった。これがとても大事な作業であることは、私自身が以前、つきまとい男を「この男ですね」「そうです」「はい。じゃ、逮捕」という流れを経験しているので、どうしても母に男を指さしてほしかった。

怯えて生きることに慣れ、男を指させない母だったが、私の微妙なリアクションを感じとりながら、一枚の写真を消極的にでも指させた。

もうすでに写真がある。

前科があるということだった。刑事のいう「ロクでもない男」の内わけすべてを警察はわかっている。母が怖がるといけないので、刑事と二人きりで別室に行った。

「どういう前科があるのですか」

「男は指がほとんどないやろ。ヤクザやゆーことや。それもだいぶドジな奴や」

「どんな事件を起こした男ですか」

「怖がるといけないので言わなかったのやが……」

詳細は私は書かない。ただ、犯罪史に残る類の殺人事件。主犯格は警察に射殺された。男はその事件の共犯者だった。

全身から力が抜けた。

自分の直感は正しかった。この男は危険であると。本気でかからないとぐずぐずしていたらやられる。勘が的中した。

「逮捕の方法やが……」と刑事は淡々と続ける。

「ご両親は高齢で一一〇番は無理。となると、被害届を出して、それも、ちょっとではいけない。逮捕できてもすぐ出てきよる。どの裁判官が見ても「これは常軌を逸している」と判断し、即、逮捕状がとれる段階まで届けを積み上げないと実刑まで持っていけない。長期の実刑でないと意味がない。そのためには……」

一人の刑事

そこから、私の仕事通いと警察通いの日々が始まった。まず私が家族を叱らないようにし、男の前科も家族に隠した。被害情報を私に隠さないよう「あの男が来たら教えてね。教えてくれるだけでいいから」くらいの軽やかさで家族を騙した。正真正銘の危険な男だと知った以上、怯えた弱者のまま男を刺激せず家族に生きていてもらう。逮捕の日が来るまで。男が侵入したたびに家族に内緒で「ちょっと出かけてくる」と警察に行き、被害届けを書いた。届けを山ほど積み上げる。仕事場と警察と家を通う歳月が続いた。

黙々と刑事と共に被害届けを積み上げた。ある時、刑事が言った。

「もうそろそろこれでええやろ。これで逮捕状とれる。逮捕できる」

最初に男が家宅侵入してから、三年目の夏だった。

刑法も民法も私を助けなかった。警察組織も私を助けなかった。でも、そこにいた〝個人〟は、「そっちにいってはいけない！」と叫び、その筋かもしれない人の手を握ることを反対してくれた。また、警察で警察官たちに暴言を吐いた私を見て、犯人逮捕に向けてじっと考え続けてくれた一人の刑事がいた。法律も組織も助けてくれなかったが、〝個人〟が助けようと導いてくれた。一人の刑事が、本気になってくれた。

8 家族の限界

戦えない家族

ある危機下において人間は、戦いたい人と、戦いたくない人と、戦えない人がいる。私の家族は戦いたくなく、また、老親は戦えなかった。だが、いよいよ逮捕という段階になって、その考えの違いとどうしても向き合わなければいけない時期がきた。

告訴、というハードルがあった。

こくそ【告訴】犯罪の被害者その他一定の者（被害者の法定代理人など）が、捜査機関にその事実を申告し、犯人の処罰を求める意思を表示すること。犯人の処罰を求める意思表示を伴う点で、単なる被害届と区別される（『世界大百科事典 第2版』の解説）

そして、裁判所に起訴をする。

きそ【起訴】刑事事件の審判を裁判所に請求する意思表示。日本では、刑事訴追はすべて公訴であるから、起訴とは〈公訴の提起〉を意味する（同）

なんだか難しいが、被害届→告訴→起訴→逮捕状→逮捕、という流れだ。

被害届は私が出せても逮捕するための告訴となると、その当事者は私ではなく老親になる。私のストーカーでも実際に被害を被ったのは老親という理屈建てだ。恐怖心が先立ち、ストーカーと戦う父のほうを責めてしまう母親の思考回路が私には告訴に向けての高いハードルだった。

父親は当時すでに今でいう認知症初期だったため除外された。

「怖いから戦いたくない」という母に、どうやって「戦う」家族になってもらうか。

そもそも、〝家族〟はストーカーから娘を守れるか。私の経験から答えは、ノー、だ。

娘を殺害された被害者家族は、被害当時「彼女の両親は、「絶対に負けるんじゃないよ」、「みんなで頑張ろう」と彼女を励まし続けた」(『桶川ストーカー殺人事件』)とある。

私の場合、娘の思いは家族と共有できなかった。兄がいい例だ。

「あの男を殴ってよ」

「なんで俺が殴らなあかんねん。俺に会うたびにあの男、ペコペコして謝りながら前を通るのに」

「あの男に会ったのに怒鳴りつけることもしなかったの!」

「なんで言えるねん。言うまえから平伏すようにペコペコ歩きよるのに」

兄はニタニタ笑っていた。

強い者には弱く。弱い者にはとことん卑劣に。どこかで見た光景だ。

保安課での「ひぃいいい」という声をあげた犯人の姿が、そのストーカーに重なった。

仕事や家族を失う恐怖だけが「ひぃいいい」といわせるのではない。何も持たなくても自分より強い男には「ひぃ」と頭を下げる。その男にとって社会は、自分より強いか、自分より弱いか、で構成されている。

生まれた時からオトコという強い側に勝手に見られる生き物には、生まれた時からオンナという舐めて見られる側の思いは共有できない。兄弟でも、泣いても、怒鳴っても、警察以上に恐怖を共有できないのが実は兄たちだった。自らをオンナとして位置づけ、戦うことをはじめから放棄する母や兄嫁。あきらかに不当な暴力に対しても暴力に順応しようとした。

「男を怒らせるな」と私をいさめる母に私は意地悪く言った。

「じゃ、お茶だけじゃなくあの男のご飯も作ってあげなさいよ。あの男の洗濯物もしてやればいい。そうだ。あの男と同居してやればいい。それが一番、安全でしょうが」

オンナや年寄りを舐めてかかるタイプのオトコには徹底して尽くせばいい。終始オトコの機嫌に怯えればいい。ただし、不機嫌な時にはサンドバッグになる覚悟で。結局、怯えようが戦おうがそこに安全はない。

母は「仕返しが怖い」と告訴を拒絶した。

仕返しには来ない？

筋肉量と骨量の違いで、同じ現実がとんでもなく違って見える。ひとりの人間の中で見せる顔も相手の筋肉量で変わる。ある男性には「いったい何が怖いんだ」と安全に映る社会で「私、怖い」は、絶望的なほど通じない。侮られる恐怖を知っている母のような女性の生存戦略は「怒らせない」「戦わない」。

だが、ストーカー事件というのは殺されて初めて、「そこまで危機的状況だったとは」と自責の念に苦しむ被害関係者は少なくないはずだ。殺されるまではそれは、たかがメールで、つきまといだ。メッセージは「好き」。その段階での「怖い」を他者と共有するのは大変難しい。

逗子ストーカー事件について深く問題提起したり解決策を自問する犠牲者の実兄。私はその終わらない模索に、遺族である兄の悔しさばかりを想像する。

見知らぬ男が私の家に自由に出入りし私の親を脅迫するというのは、今の時代のストーカー概念でいうと深刻だ。だが実際にはそれが何年続いても、私の恐怖と怒りは誰とも共有できなかった。

ここまで被害届を積み上げたにもかかわらず最後の逮捕を頑なに拒絶する母にどうやって告

訴当事者として決断してもらうか。

私は翌日、○△□万円を現金で揃えて家族の前に積み、準備したセリフを喋った。

「今、告訴を決断しないなら、私はこの足でこの現金を持ってヤクザに依頼に行く。ただし、そのかわり私は生涯ヤクザから脅され仕事も辞めることになる。将来の夢なんかどーだっていい。さあ選んでよ。戦わないという選択肢はもうないよ。家族が戦わないなら私が戦う。警察に戦ってもらうか、ヤクザに戦ってもらうかの違いだけのこと。さあ選んでよ。どっちに戦ってもらう？　警察？　ヤクザ？　どっち？」

「仕返しされたらどうするんや。辛抱するしかないやないか」

「もう三年間も辛抱した。充分や。選んでよ。早く」

二項対立は人を追い詰めやすい。「警察か、ヤクザか」と言うことで、母はしぶしぶ警察を選んだ。母なりに娘の将来を案じたのか、本気でヤクザに行くバカ娘と踏んだからか。

もちろん私は警察に行くつもりだ。母の合意を得た直後、私は刑事に電話をし、母の気が変わらないうちに告訴状にサインをしてもらった。母の手は震えていた。そして私自身が母よりも恐れていることを刑事に別室で二人きりで質問した。

「刑務所から出た後、男は仕返しにこないでしょうか」

震えるほど実は私が怯えていた。

刑事はこともなげに言った。

「そんなことがあるなら、もうあの男は生涯刑務所から出られない。仕返しすれば自分が倍返しの目に合うことくらい、あの男でもわかっている」

「あの男の未来なんかどうでもいい。仕返しされてからあの男がどうなろうが知ったこっちゃない。仕返しされたらわれわれは終わりです。万が一がないと言えますか」

刑事は穏やかに私を見つめて言った。もう三年間関わり続けてくれた刑事だった。

「刑務所ってな……」

教え諭すように言った。

「一度入ったらわかるけど、決してまた入りたいと思える場所ではないんや。それをあの男はすでに経験している。これで逮捕されてまた入ることになる。嫌やと思うで。仕返しをする度胸はあの鼻くそのような男にはないよ」

……鼻くそと言った。

刑事だけが日常で知っている「ひぃぃぃ」という弱者の犯人像。私のストーカーがそのタイプであることを刑事は知っている。そしてつけ上がらせるととことん悪いことをすることも刑事は知っている。今回の逮捕でケリがつくと確信している刑事の経験を信じるしかなかった。

「殺された人の無念を感じとる」

刑事の運びどおり、すぐ逮捕状が裁判所から下されるとあっけなく男は逮捕された。執行猶予なしの長期の実刑が出た。ストーカー規制法のない時代の実刑にどれほどの努力を要したかは、それ以降にも登場するストーカーとの私の戦い方にも影響することになる。

逮捕後、警察署の署長に菓子折りを持って礼を言いに行った。

渡すなり菓子折りをゴミ箱に投げ捨てられた。ということは、署長命令ではなく担当刑事の意思で積極的に関わり続けてくれた事件だったことを、捨てられた菓子折りが教えてくれた。

刑事の言うように、男は出所後も仕返しにやってはこなかった。だが私がいる限り家族に危険が及ぶので私は家を出た。当時の担当刑事はその後定年退職した。

定年後、なぜ私に関わり続けてくれたのかを聞いたことがある。

「そこに殺害された遺体があるとな……」と刑事は別の話を始めた。

「僕はまず、その遺体の顔を近くでじっと見つめることにするんや」

「なぜ？　気持ち悪いでしょ。腐敗してるでしょ。臭いでしょ」

「そう。だからあまり刑事も近づきたがらないんや。でも僕は顔に近づく。そしてじっと何分間でも見つめながらその殺された人の無念を感じとるようにするんや。その無念が感じとれた時、よーし。犯人を捕まえたる。と、スイッチが入るんや」

では私のどこにその刑事のスイッチが入ったのか、聞きそびれた。だが、警察にはそういう刑事もいる。そういう刑事と出会えるまで〝生きている間に〟暴れる。死んでから無念を晴らそうとしてくれたって手遅れだ。これまで何度も刑事との会話で感じたズレがある。彼らの動機づけはまず被害という〝結果〟があり、その結果をもたらした犯人を〝逮捕〟するというところにプロの心意気がある。結果と解決が警察組織のプロ意識のようだ。そういう組織体ではストーカーという〝被害以前〟の、不吉な〝予感〟に対応できるようには組織自体がなっていない。ひったくり被害の予防、泥棒被害の予防は活動として既にある。しかし〝殺されるかもしれない不吉な予感〟への対応窓口は当時〝無〟だ。予防と結果には対応するが、その中間にある〝死への恐怖の予感〟への対応は、警察のみならず家族内部でも私の場合〝無〟だった。

病気になったら病院にいく。血液検査は「この数値では将来病気になるかもしれませんよ」という〝予防〟。今新たにクローズアップされているのは病気未満でくい止めるための〝疲労〟のシグナルだ。

ストーカー被害で私がこだわりたいのも、まさしくその殺害未満でくい止めるための〝恐怖〟のシグナルだ。〝予防〟できなかったストーカーの予防以上、殺害未満をどう解決するかという領域。そこが抜けている。

病院に行きさえすれば助かるか。「たまたまその時の医師によるで」と我々は知っている。

名医に出会うまで病院を転々とするように、名刑事に出会えるかどうかは将来を分ける。警察に行きさえすれば、という思い込みからなかなか人は解放されない。大勢の人が病院経験をするから「病院によるで」「医師によるで」と、現実を知る。病院に比べ、警察に駆け込む人は少数派だ。「警察によるで」「刑事によるで」は共有されにくい。そして警察を転々とできないシステムが、たまたま当たりの悪かった警察だと命を落とす結果になる。

逗子事件遺族が言う。

「警察があのときこうしてくれれば妹を助けられた、ということが何かあるのか、私には分からない。それこそ、こちらが教えてほしい。」（警察庁　第2回ストーカー行為等の規制等の在り方に関する有識者検討会、平成25年12月4日より）

ご遺族に伝えたい。わからなくて当然だ。医療を素人がわからないように。

参考　逗子ストーカー事件

2012年11月、神奈川県逗子市の自宅で三好梨絵さん（当時33）が元交際相手の男（当時40）に刺殺され、男もその場で自殺した。2人は04年ごろに出会い、06年に三好さんが別れを告げた。男は11年4月に「刺し殺す」とメール。脅迫容疑で逮捕され、有罪になった。執行猶予中の昨春、「別の男と結婚した。契約不履行で慰謝料を払え」などと20日間で千通を超えるメールを送信。三好さんは神奈川県警逗子署に逮捕を求めたが、同署は脅迫やストーカー規制法の「つきまとい」には当たらないとして捜査を断念した。（朝日新聞デジタル、二〇一三年六月二七日掲載）

被害者住所を不正入手容疑で再逮捕　逗子ストーカー事件

神奈川県で２０１２年秋に起きた「逗子ストーカー殺人事件」にからみ、逗子市役所に電話して被害女性の住所を不正に調べたとして、愛知県警は24日、東京都目黒区の探偵業「ＴＣＣ―ＯＦＦＩＣＥ」代表の小浜博敏容疑者（60）＝別の個人情報入手事件で起訴＝を偽計業務妨害の疑いで再逮捕し発表した。大筋で容疑を認め、「被害者の夫を装って住所を聞き出した」と供述しているという。

県警によると、小浜容疑者は12年11月5日、事件被害者の三好梨絵さん（当時33）の元交際相手側から依頼を受け、住所を調査。市納税課に電話して「家内あてに税金の請求書が来たのだが、住所を間違えていないか」などと問い合わせを装って住所を聞き出し、職員の業務を数分間妨害した疑いがある。住所はその日のうちに元交際相手の男に伝えられ、男は翌日、三好さんを殺害した後、自殺した。（朝日新聞デジタル、二〇一四年一月二六日掲載）

第2章 「好き」が抑えられない

ケース2 ひきこもりストーカーの暴走

1　私もまたストーカーに

納得できない執着心

逗子ストーカー事件からも見えるが、加害者は〝失恋〟ができなかった。二〇〇六年に別れを告げられても、二〇一二年に殺害し自殺するまで七年もの間を、ひとつの恋愛対象に執着した。逮捕しようが有罪にしようが精神科病棟に入ろうが、相手が結婚しようが引っ越ししようが、探偵を使ってでも探し出した。

なぜここまでひとつの恋愛に執着し、事実上の失恋を受け入れられずに崩壊していくのか。精神医学的見解などあろう。ＮＨＫでも加害者視点の番組はすでに放送され、加害者支援の動きも存在する。が、本書の主旨に焦点を絞るために、加害者の内面を深く考察したり検証したりはしない。あくまで私自身の経験としてそこに触れようと思う。なぜなら、病理と命名せずとも普通の人間の日常にその芽はあると思うからだ。自分とは別世界の話、ではない。私自身にも加害者側としての経験がある。その〝実感〟を振り返ることにする。

去る者追わず、という言葉があるが、去る者決して許さず、というのがストーカーになる。

去る者をどれほど好きでも「ご縁がなかった」と見送ることができるのは、強固な自己肯定があるか、仏門で悟りを開いた人でないと難しいのではないか。恋愛がただの発情なら、次の対象に移ればいい。相手が自分を選んでくれたことが自己肯定に繋がる人ほど、去られることを受け入れられずジタバタする。追いすがり、恨み、憎み、怒り、処罰したくなる。これほどネガティブな感情の背景を〝恋愛〟で説明しきれるか。

去る、という行為が、相手に全人格否定くらいの衝撃を与えてしまう。

「去られたら生きていけない」は、実際あると思う。

去る側は単に、去っただけだ。

本当は、「あ。去られた」とひとこと言い、ご飯を食べたら生きていける。

「愛情が得られなかったから落胆するのではなく、相手を獲得するほど自分が有能でも魅力的でもないことを思い知らされることで、その事実を思い知らされた相手に怒りを感じる」（福島章『ストーカーの心理学』）。

フラれたのみならず「バーカ」と「ブス」がセットになった気分といおうか。

去る男に、「女を見る目がないのね」といった銀座のママ級の自尊心を持つには修行がいる。恋愛と自己評価が繋がるモテ女最強理論は女性誌で今も生きている。だが恋愛などひょんなことで終わる。「え？　たったそれだけのことで？」という理由で別れを告げられた。誤解なら解きたい。せめて理由を知りたい。相手が悪いならなぜそんなことをしたのか聞きたい。こちらが悪いならどこが悪かったのか理解したい。理由を聞いたところで納得できないから執着する。面倒だと思う相手がテキトーなことを言う。居留守を使う。電話番号を変える。すると「なぜ」がヒートアップする。相手を追及しつくした結果得た、どうやら掛け値なしの正味の正直な結論が「たったそれだけのこと」なら、そんなことをしてしまった自分に死ぬほど落ち込む。「クリーニングしたシャツを僕にもってきてくれなかった」とか、「果物をむいてくれなかった」とか、そういう種類の本当にくだらない（相手には神聖で大切な）「たったそれだけの理由」でも、人は去る時は、去る。

すると、「ああ、なぜあの時クリーニングを持っていかなかったか」とか、「なぜ果物をむかなかったか」という発想にとらわれ、滑稽で真剣な後悔で食事も喉を通らなくなる。この段階で実はもう心身症の領域だろうが、その狭い思考回路の中だとわからない。今なら「そんな男、蹴ってでもお断り」と叩き出せる男に執着させる魔物がいた。

恋愛から失恋という道筋には、のぼせ上り、頭がその人で一杯になるところから破局までの随所に、ストーカーになる地雷（病理）があると思う。でも、そもそも「その人で頭が一杯になる」段階で、恋愛っていうものは、最初から心身症じゃないのか。

恋愛幻想と自己肯定感

「この男はダメだ」と付き合い始めてすぐに気づいた。派手な女が好きなのに、家でじっとしている女を求める矛盾。でも別れると心身ともにダメージを被った。「好きな人」との別れが辛くて病むならまだ理解できる。「ダメな男だ」とわかっていて病むのだから、頭と体が分離しているとしか言いようがない。ロクでもない男と別れられないのだ。それが相手の帰りを待ち伏せしたり、電話に出ないなら職場に連絡したり、今でいうストーカー行為を散々した。思いっきりした。これでもかとした。

恋愛なんかじゃない。怒りだ。私は何時間も相手を責めることができた。だがしょせん「クリーニング」だの「果物」だの、そのくだらない理由に納得できないのだ。私の怒りが消耗して尽き果てるのを私が待っていた。何日も寝食していなくても別の不健康で異様なエネルギーが湧いた。

「膨大なエネルギーをストーカーはターゲットとの絡み合いの中から、言ってみれば、自家発電でもしているように増殖している」（荒木創造『ストーカーの心理』）

かかわるから、もっと腹が立つのだ。だが、クリーニングを取ってくるとか、果物をむくとかを女性に本気で願う男性が現実におり、それが別れるに足る真剣な理由にもなる。別れる正しい理由は「ジェンダーのもたらす矛盾のジレンマ」だが、そんな知見がなければ、別れる理由は「クリーニング」と「果物」だ。私自身にも知見がないので、「なにをワケわからんこと言うとるかっ」だ。

私は今では「あ。そ。」と別れられるし、くだらん、と判断するのも瞬時にできるようになった。怒りもない。「なぜ？」と問わない。くだらん男に「もしもし、おたくはなぜ、それほどくだらないんですか？」とも聞かない。興味もない。

二〇一四年の大阪市平野区のストーカー事件では、十数カ所を男は刺したと報道された。「井村さんが好きでこのままだと会うことができないと思った。殺害して自分も死ねばあの世で一緒に暮らせると思った」（ＮＨＫニュースウォッチ９より、二〇一四年五月二日）

「好き」とか「あの世で一緒に」という言葉は、十数カ所を刺し続けられる感情と並列では語れない。また、「あの世で一緒に暮らせる」という表現は、近松心中物語ばりの恋愛幻想を物語る。幻想を掻き立てる文化はたくさんある。皆が不屈の自己肯定ができるわけもなく、千日修行のチャンスもなく、銀座で店を持つこともなく、ジェンダー分析ができるわけでもなく、フツーに恋愛幻想を抱き、幻想と現実との矛盾の怒りの矛先を相手に向けたら誰だってストーカーになりうると思う。

自己愛の病的なかたち

失恋がいかに難しい作業かを経験した。あきらかに破たんしているのに次にいけない。破局は合意なのに別れてみたら日常生活が送れない。よりを戻すとちょっと元気になるがやはりそこに未来がないことを両者が再認識する。何度繰り返しても〝失恋〟できない不思議。同じ相手と結婚と離婚を繰り返す芸能人がいる。ああ、かつて私が経験したあの迷路から彼らも抜け出せないのだな、と同情しつつ芸能ニュースを見る。結婚してもうまくいかない。別れてもうまく生きられない、次にいけない。

あの当時の不思議さたるや。時間は怒りを熟成させ「クリーニング」のことばっかり考える狭量な精神状態になった。

「なにがクリーニングじゃ。クソボケアホ男」の次に「じゃクリーニングを取ってきてあげる」で、よりを戻しても今度は「果物むかない」で別れた。「じゃあ果物むくわ」、でも「お茶いれない」で別れる。やがて互いがストーカーになるというワケのわからないことになった。両者が矛盾に苦しみ、悲鳴をあげた側が相手の帰りを待ち伏せした。

「ひとつ確かにいえるのは、加害者もまた悩み、苦しんでいるということである」（福井裕輝『ストーカー病』）

「君を待っている」というメモが車のワイパーに挟まれてあり、何時間でも私を待ち続ける。私のマンションの前で一晩中待つ。その負のエネルギーはどこからくるのかというと、苦痛から解放されたい一心のエネルギーといえばいいか。自己愛はすべての人が持っていて、それが病的になった時「自己愛性パーソナリティ障害」（同書）というそうだ。

当時の私と私の恋人はあきらかに病的だった。芸能ニュースを賑わせる恋愛スキャンダルのほとんどは、例えば夫は別れたと言っているのにずっと妻がそれを認めないなど、これも病的だ。芸能界的に言うと病的なほど面白い。著名人の病的行為はすぐバレ、一般人だと事件になってわかる。実際はこの社会、病的だらけじゃないのか。自己愛性パーソナリティ障害の人は苦しみを和らげるために「攻撃的スタイル」(同書)をとるそうだ。私とかつての恋人の「自己愛性パーソナリティ障害」を友人は「腐れ縁」といった。「攻撃的スタイル」は「激しい恋」と表現した。つまり、病理の定義づけは後追いで、世間ではとっくに見慣れた光景だ。

苦しみのあまりの「攻撃的スタイル」

「一方が嫌や、言うてんねんから、あきらめなしゃーない」という単純な理屈では解消できない黒く粘りつくものが人間にはあり、下手したら命を落としかねない種類のものだとその時期に私は気付いていた。

駐車場にあったはずの私の車が消えていた時「ああ彼だな」と直観した。一週間ほど過ぎた頃、放置車の届け出が警察にあり、警察経由で車は私の元に戻った。「犯人逮捕の捜査に入りますか?」と聞かれたがお断りした。嫌がらせは男性の苦しみのあまりの「攻撃的スタイル」だと知っていたから。

不安定な関係ほど攻撃的になりやすい。

結果、命の危険を感じた女性の数字がでている。結婚中はDVといい、離婚したらストーカーという分類や線引きに、私はあまり意味を感じない。総じて〝暴力〟だからだ。

「1999年に全国20歳以上の男女4500人を対象に行われた内閣府の調査では、女性の約20人に1人は夫からの命の危険を感じるほどの暴力を経験している」（千田有紀・中西祐子・青山薫『ジェンダー論をつかむ』有斐閣、二〇一三年）

『男女共同参画白書 平成25年度版』（内閣府男女共同参画局）によると、「平成24年中に検挙した配偶者（内縁関係を含む。）間における殺人、傷害、暴行は4457件、そのうち4149件（93・1%）は女性が被害者となった事件である」。傷害は94・4%、暴行は94・1%、被害者は女性だ。

「結婚する気はない」と言ったら私は首を絞められたことがある。キーンという音で世界と意識が隔離された。男性の「自分だけのモノになってほしい」という幻想は、「果物むいてくれ」のバリエーションのひとつにある。幻想vs.現実は命がけだ。『ベルサイユのばら』ではアンドレはオスカルに「他の男に渡すくらいなら」と毒を盛った。そのシーンを感動の場面として我々は見ている。アンドレに「身勝手なストーカー野郎め」という声はない。

好き＝所有したいという願望や、自己肯定感と恋愛幻想のワンセットが、その相手が実際の交際相手でも一度すれ違っただけの人でもテレビで見られただけの人でも、そのために私は長年危険を身近に感じてきた。引っ越し先に私より先にストーカーが部屋にいたこともある。午前に引越しして午後またそこから引越しした。私だけではない。

知人の芸能人は、寝ていて深夜気づいたら、ストーカーが同じベッドで横に寝ていた。相手の願望を拒絶したために数十年間ずっと報復を受けている人もいる。

そういった例は私達の職業の場合、多くは通報することなくトークショーのネタにもせずに伏せられている。芸人さんはネタにすることがたまにあるが、本当に危険なことは喋らない。交際相手ではなくても、命がけ、はある。

2 どこまでも卑劣になれるストーカー

逃げれば逃げるほど相手は高揚する

ある日気づいた。いつも私の車のバックミラーには同じ男の顔が映っていた。独特の不気味さの漂う顔つきの男だ。なんらかの病理性があると直感した。いつも私の車の後ろにいるということは、無職、を意味した。路肩に車を止めてその車をやり過ごしてみる。すると堂々と私の後ろにピッタリ停車した。

「被害者がストーカーにどのような感情も抱いていなくても──場合によってはストーカーが誰であるかすら知らなくても──ストーカーは自分の片思いの恋愛に執着し、待ち伏せし、凝視し、尾行し、生活を監視し、電話をかけ、求愛し、手紙や小包を送りつける」（福島章『ストーカーの心理学』）

私が気づいた段階ではもう、「待ち伏せし、凝視し、尾行し」まで進んでいる。つきまといは「もっと」という感情がそれをさせる。「もっと」はやがて自宅になり、次の「もっと」は部屋の中になる。

生放送はストーカーにとって都合がいい。駐車場出口で待っていれば必ずターゲットが出てくる。タクシーでも正面玄関で待っていれば必ず会える。あとは追跡あるのみ。

自宅まで追跡されることを避けるためにいろんな手立てを試みた。ある時は大型車に道路をふさいでもらい、その間に逃げた。ある時は局隣りのビルに駐車し裏口から出た。だがそれらはすでに男にとっての〝ゲーム〟に参加していることなのだと途中で気づく。私が相手を意識した段階で男にとっては〝デート〟。「いつか飽きてくれれば」という期待とは逆の、私の逃げる行為が男の高揚を呼び、追跡はより執拗になった。

ストーカーにとっての《愛の対象》は「狩における《獲物》や戦いにおける《敵》と同じような対象として捉えられている」（同書）

私が逃げる＝獲物であり敵になった。

「彼らにとっては、嫌われることでも何でもすることが、心理的には相手との《関係を保つ》ことを意味する。気分は、《愛》から《執念》《妄想》にすり替わってしまう」（同書）

以前、見知らぬ男に家宅侵入されても逮捕まで三年かかった。新しい土地の警察署でイチから相談という流れを私は疎んじた。新聞社やテレビ局は過去の襲撃事件を機に、どの玄関にも警備員が立つうえに入館証も必要な時代になっていた。ストーカーという言葉も誕生した。ある日私が駐車場から局玄関に入ろうとしたほんのわずかなストロークの陰に男が私を待ち伏せしていた。玄関に立つ警備員に叫んだ。

「あの男を捕まえて！　ストーカー！」

警備員の反応は意外なものだった。

「え？」と言って頭を掻いた。「そんなこと言われても」という表情だった。男は逃げた。逃げる後ろ姿を見ながら一歩も動かず警備員は自分の頭をしきりに掻き続け首を傾げていた。メディアの襲撃事件から私たちは何を学んだのだろう。〝玄関に警備員を立てること〟が〝警備〟と本気で思っているのか。

よく大統領や大臣にボディガードがついている光景を見る。「ああ、ガードが堅い」といって撤退する人間には効果がある。テレビ局、新聞社ともに「警備員が立っている」とあきらめる人間も同様。何度も放映される昔の殺傷事件を見ていると、狙撃された後に、ボディガードたちが大統領に覆いかぶさる。政治家が、刃物で刺されたその後に、警備員たちが犯人を取り押さえる。

どれほどガードを固めても、やるやつはやる。泥棒に入られてから駆けつける警備会社のシステムと同じだ。やられる側の言い分は、やられてからでは遅いというのに。

つきまといの行動予測は困難

舞台が危険だった。顔に特徴のある男というのは、写真がなくてもその特徴を伝えやすい情報になった。男は必ず会場に来る。ストーカー阻止用スタッフを動員した。全員がストーカー情報を共有し会場入り口、楽屋入り口、私の部屋の前に常時立った。

楽屋フロアは共演者やスタッフでごったがえしている中、部屋で出演前の私は一人で化粧をした。

その鏡に、ストーカーの顔が映った。私の背後。顔の真後ろに男の顔があった。すでに室内にストーカーが侵入していた。

叫ぶと同時に男は楽屋から逃げていった。どのスタッフも動くことなく、男の後ろ姿のみ目撃した。

読者の何人がプライベートな自分の部屋にストーカーが突然現れる恐怖を実感できるだろう

か。それが自室のクローゼットだったり、厳重なガードに固められた楽屋の個室だったりということが、想像できるだろうか。

三鷹市の事件。加害者は午前三時に漫画喫茶を出た後「同4時ごろ、空き家の敷地に侵入。1階の屋根に上り、被害者宅をうかがっていたという。正午ごろ、女子生徒宅の2階に飛び移って、ベランダから侵入。クローゼット内に隠れ、午後5時前に女子生徒を襲ったとされる」(朝日新聞デジタル、二〇一三年一〇月三〇日掲載)

空き家とクローゼットとを合計すると、合計一三時間もの間、男は女性を待ち伏せた。常軌を逸した人間の行動予測がいかに困難か。親と同居していてもクローゼットに男がいた女性の恐怖を、私は少し理解できる。

「行動そのものは合理的かつ綿密に計画し遂行しうる。それだけに行動もよく工夫されており、緻密で、巧妙である。(中略)その、《妄想》(といっても、本人はその観念を妄想だとは思っていないのだが)に全生活・全生涯のエネルギーを捧げ尽くすことも稀ではない」(福島章『ストーカーの心理学』)

ストーカーの行動予測は困難だ。私の経験では予防も警備も家族もスタッフもなにも役に立たなかった。

「加害者は、人生の全て、自分の命もかけて、犯行に及んでいる」(警察庁　第2回ストーカ

ー行為等の規制等の在り方に関する有識者検討会での被害者遺族の発言による）

人生の全て、命もかけて襲うなら、人生の全て、命をかけて守る覚悟がいる。

カーチェイスの末の男の態度

とりわけ屈強な男性スタッフが多い番組制作スポーツ部の一〇名ほどと作戦を練った。生放送のその日も男は必ず来る。私はあえてテレビ局に近い道路を走る。局員たちは私の連絡があればすぐ発進できるようエンジンをかけて待機する。複数の車で挟み撃ちにして進路と退路を塞ぎ、男を摑まえる計画を立てた。携帯電話が普及し運転中の通話が禁止される前の時代だ。

想定通り、放送後、男は私につきまとった。私は局員に「今」と電話した。局員の車が同時に何台も急発進した。異変を察知したストーカーは予想を上回る行動に出た。急ハンドルで反対車線に柵越えで逃げたのだ。柵に車体が激突する音が響いた。誰もが大胆な違法運転を見送るしかなかった。

私も柵を乗り越えた。男を今度は私が追った。男はアクセルを一番下まで踏み込んでいるはず。私も一番下まで踏み込んだ。男を追いかけている間、その男にやられた嫌がらせの数々が脳裏をよぎった。

「彼らのずるさ、卑劣さ、あきれるばかりの幼児性、妄想癖、身勝手、孤独、寂しさ、愛への強い欲求、劣等感、人一倍のプライド、傷つきやすさ、恨み、残虐さが私の興味を引いた」
（荒木創造『ストーカーの心理』）

男の車は国産だった。たまたま外車の私はアクセルを一番下まで踏み込むと男に追いつけた。そして男の車を追い越した。充分に追い越した直後、急ハンドルを切って男に向かい再び逆走した。男の車に激突した。男の車は壊れ、止まった。

〝その瞬間〟を経験した者でないとわからない、というのはそういうことだ。

死ぬか生きるかはその瞬間には頭にない。怪我をするかどうかもない。頭にあるのは、「許さない」という感情。走行中の車同士がぶつかるのだから顔を傷つける可能性もあったが、〝その瞬間〟は、どうだってよかった。

青ざめて駆けつけた局員たちが男を車から引きずり出した。虚弱な体格の小さな男。男は「ひいいい」と言いながら、私にではなく屈強な男性スタッフたちに謝った。

「すみませんでした。悪気はなかったんです。もう二度としません。ごめんなさい。ごめんなさい。二度としませんから。本当にすみません。ひいいいい」

何度も頭を下げた。男が私に見せてきたニタニタとほくそ笑んだ狡猾な表情は消えていた。局員たちは呆然と男の様子を見、立ち尽くしていた。あれほど大胆なことをしでかすやつが捕まえてみればこれほど虚弱だったとは。誰も声を発しなかった。アドレナリンの持っていき場がなくなると、人は思考停止した。

「免許証を出させて」と私はスタッフに指示した。免許証を素直に渡す男。ペコペコ頭を下げながら憐れな弱者に豹変する男。私と保安課の警察官には見慣れたタイプ。

だが、局員たちは初体験だ。

免許証をチラと見た男性スタッフは、謝り続ける弱者に対し、免許証を返しながら言った。

「もう、二度としたらあかんぞ。今日はこれで許したる」

私は男の「しめた」という瞬時の目の輝きを見た。筋肉のある男性には見えない〝強い者には弱く。弱い者には徹底して卑劣に〟という生き方。舐められた者にしか見えない目の輝き。

「免許証を返しちゃだめ。免許証をすべて書き控え、男の住所も自宅の電話番号もすべて聞きだして。車のナンバーも控えて」と声をあげた。

屈強な男たちにはわからない

私はその場でその男を警察に突き出すことをしなかった。

かつて、自分にカラむ男をゲタで殴って加害者とされ謹慎処分になった先輩がいた。車で激突した私が警察に行ったら、私が逮捕されるのは当然だった。

「スター・ストーカー」（福島章）とか「ファン型ストーカー」（影山任佐『自己を失った少年たち』講談社選書メチエ、二〇〇一）とかいうネーミングで精神医学の専門家はそれがストーカーだと顕在化していても、一般社会はそれを共有していない。

犯罪レベルでも芸能人に限っては「ファンやろ?」が成立する。犯罪は暴力とされず、車をぶつけた私がゲタの先輩同様、暴力を振るったと判定される。

かつて「男が私の家に侵入してます」「でも、夜に帰るんやろ?」で私が警察から帰された痛手がその後も響いていた。ストーカーの「恐怖」を警察が共有していないと、逮捕されるのは被害者の私になる。人間がとことん卑劣になれる顔を知らずに、まんまと免許証を返しそうになったピュアな男性スタッフもまた、「恐怖」は共有できない。

男を解放した後、局に戻った。〝その瞬間〟は泣かない。ただ戦う。〝その瞬間〟が去り、安全が確保できた途端、私は泣いた。

だが私を取り巻く一〇名の屈強な男性スタッフには私の涙の意味がわからない。

「無茶するなぁ。遙さん」という私への唖然がある。

彼らは自分の前でペコペコする虚弱な男しか見ていない。昔、兄が言った「俺の前ではペコペコするやつをどう怒鳴れるねん」と同じ。守ってもらいたい女性はマッチョな男性を選びがちだが、そんなタイプほど女性の恐怖が理解できず行動に出にくいというお粗末な結果がそこにもあった。

このケースは、男を特定できた段階で過去にすでに世話になった刑事から直接男の親に電話をしてもらった。それでも男はつきまといをやめなかった。「もう二度としません」と自分より強い男性に言う人間は、強い男性が去ったらまた同じことをするのだ。また警察に電話してもらった。男を見かけたら必ず警察から男の親に電話してもらった。やがて収束していった。男は無職。刑事が言うには「ひきこもりや」。

「全国には今100万人の「ひきこもり」がいると言われている。（中略）年が若くなるにつれて増えていくのも「ひきこもり」とストーカーの共通点である。もちろん、これらの事実は偶然ではない」（荒木創造『ストーカーの心理』）

著者は、ひきこもりとストーカーの二つを持った男が起こした事件を「二重の病理」（同書）と表現する。

家にいるか、外でストーカーするか。このケースは親がいたことが抑止力になった。だがやがて親はいなくなる。将来を見据え、男の情報は警察と今も共有している。それとは別に、昔から逮捕に取り組んでくれた刑事に「〝ストーカー〟とはなんやイマイチわからんが、どうやらこれはひとつの〝被害〟らしい」と感じる感性が生まれてくれていたことは大きな進歩だった。それがストーカー規制法の法整備を待たず〝警察からの警告〟という行動に出てもらえた大きな要因となった。局所在地の警察署に真正面からルール通りの運びをしていたら、初対面の警察官の「ファンやろ？」から始めなければならなかった。警察からの電話一本さえ、難しかっただろう。いや、私が逮捕されただろう。

被害者ほど、法律や時代に振り回されるものはないと思う。

日本でストーカー規制法が施行されたのは二〇〇〇年。そして、たった一四年目でもう「どうしていいかわからない」のだから。

二〇一四年五月、大阪市平野区のストーカー殺人事件。警察は「警察として取りうる措置は取っていたが残念だ」（NHKニュースウォッチ9より、二〇一四年五月二日）。

なら、なぜ、殺されたのだ。

3　ファンと恋愛は分けられるのか

一目惚れからもストーキングは始まる

ストーカー被害は数字だけ見ると元交際相手からが多い。

ストーカー規制法も「特定の者に対する恋愛感情その他の好意の感情又はそれが満たされなかったことに対する怨恨の感情を充足する目的」と、〝恋愛〟〝好意〟に比重を置く。

二〇一三年一二月、警察主催のある免許更新講義で「恋愛関係にあった者をストーカーという、アイドルの追っかけはストーカーとは言いません」という講義を私は受けた。ということはその警察官も、そういう講義を警察で受けた上で、市民に向けて発言したのだと思う。シンプルな理解だ。芸能人と一般人が違うなら、ファン心理と恋愛感情も違うのか考えてみる。

「一目惚れから、愛が始まることもあれば、ストーキングが始まることもある」（福島章『ストーカーの心理学』）

テレビの一目惚れと、実物の一目惚れと、ネットに公開された写真の一目惚れ。

ストーカー規制法のいう「特定の者に対する恋愛感情」「好意の感情」とはどれを指すのか。どれも指さないのか。

どれもストーキング行為により、やがては実物にたどりつく。住んでいる家にもたどりつく。交際とはメールか、道ですれ違った時の挨拶か、お茶か、会話か、性関係か。〝恋愛〟の定義は書かれていない。

入口が違うだけで、元カレであれ知らない男であれ、「好き」と思われたらそこにあるのは恋愛感情と好意の感情で、拒絶すれば怨恨の感情だというのに。

さまざまなストーカーの分類

ストーカーの分類法は精神科医、心理カウンセラーそれぞれに分かれる。

①　イノセント・タイプ

②　挫折愛タイプ

③　破婚タイプ
④　スター・ストーカー
⑤　エグゼクティブ・ストーカー
（福島章『ストーカーの心理学』）

①　別れ話のもつれ型
②　片思い型
③　純粋妄想恨み晴らし型
（荒木創造『ストーカーの心理』）

①　執着型
②　一方型
③　求愛型
④　破滅型
（福井裕輝『ストーカー病』）

①　古典型

②　現代型
③　未練執着型
④　誇大・自信過剰型
⑤　ファン型

（影山任佐『自己を失った少年たち』）

これら分類は、「ああ、あの事件はこのタイプね」と後追い研究として興味深い。だが殺された後に「〇〇型でした」とわかって、それでどうだというのか。

そもそもこの分類、「ストーカーというのはさまざまな行動パターンの集まりだから、これを一つのまとまった集合として、「ストーカーというものは」といった議論をすることはほとんど意味がない」（『ストーカーの心理学』）という精神科医もいれば、「ストーカー行動のあり様・様式などは、実にヴァラエティに富んでいる。その一方で、彼らの精神の病理、心の状態は、似通っていて、ある種のパターンを持っている」（『ストーカー病』）という精神科医もいる。同じことを言っているのか、違う意見なのかも判断がつかない。

多種多様な専門家の考察や分類がある。

以下の分類になると、もう意味もワケもわからない。

①　精神病系
②　パラノイド系
③　ボーダーライン系
④　ナルシスト系
⑤　サイコパス系

（福島章『ストーカーの心理学』）

警察もまた、多種多様な分類を重ね、増改築しすぎた家みたいな複雑で分かりにくい検挙への道筋になっている。

「警察におけるストーカー事案への対応」は、「相談」から始まり、以下になる。

①　刑罰法令に抵触するか否か（暴行・障害など）
②　ストーカー規制法に抵触するか否か
③　その他の措置（警告、パトロールなど）

②なら「ストーカー行為」と「つきまとい等」に分かれ、仮に後者なら今度は「警告を求める旨の申し出」か「援助を受けたい旨の申し出」に分かれ、仮に前者なら「警告」か「仮の命

令」の〝二つ〟に分かれ、その先に「禁止命令等」になり、その命令を無視した場合、「禁止命令等違反罪」に問われ……。

それが二〇一三年法改正により、上記②の延長線上にある「警告を求める旨の申出」の先に「警告」か「警告しない」か「仮の命令」かの今度は〝三つ〟に分かれ、「警告しない」を選べば「理由を書面により通知」になり、「警告」を選べば次に「通知」を経て「公安委員会の職権」と「禁止命令を求める旨の申出」に分かれ、そのどちらもが「聴聞」を経て、「禁止命令」と「禁止命令をしない」に分かれ、後者を選べば「理由を書面により通知」になり……。

（警察庁　資料3「警察におけるストーカー事案への対応」資料1―1「ストーカー規制法の概要」）

「好き」が入り口

専門家が真剣に、あらゆる事案に対応できるよう裾野を広げるほどに、複雑怪奇な仕組みが出来上がり、さぞかし警察官も大変だと思う。

精神科医は「治療」に考察を重ね、警察は「逮捕」に増改築を重ね、でもストーカー殺害事件はなくならない。

福井裕輝氏は「加害者治療は任意である。危険度判定で〝かなり危険〟と出た人であっても、本人が希望しない限り治療は実現しない」（同書）といい、福島章氏は「結論として、どんな知人・愛人が将来ストーカーに豹変するかという疑問に対して、心理テストなどで科学的にチェックする方法はない」と言い切ったうえで「遠目に見て、あるいはある程度つきあってみて、良い人か変な人かを見分けるしかなく、その眼識は人生経験と、人間を見る関心の深さによって養わなければならない」(同書)と言う。

つまり、加害者が治りたいと願わなければ治療できず、被害者になりたくなければ経験して〝眼識〟をもて、ということだ。

それは、加害者が治りたいどころか自死を選ぶ逗子ストーカー事件や、人生経験を積む前の一八歳の女優の卵が殺害される三鷹ストーカー事件、一方的に好かれてしまう事件は、〝防げない〟という結論を専門家が下したということ。だが福島章氏による〝眼識〟という言葉。これはある人には無責任に響くが、ある人には命綱になるキーワード。ここで芸能界の出番になる。出会う人の数の多さ、ストーカー経験の多さ、その経験から得た〝眼識〟は、芸能界から発信できる貴重な情報だと私が思う所以だ。

芸能界を代弁できないが、そこに長くいる私個人の見解を言わせていただきたい。

ストーカーは「好き」から始まる。一方的であれ両想いであれ出会いがしらであれ、交際の有無も結婚の有無も関係ない。もちろん職業も関係ない。「好き」が入り口だ。

「好き」がもつ異様なエネルギーは〝ファン〟も〝恋愛〟も関係ない。「殺されない」ためにはという視点で見ると、分類のお勉強も、経験を積む時間もない。だからまえもって眼識を届けることに意味がある。

加害者の、幼児の頃の愛情不足論や、母親への甘え論、あるいはストーカーに狙われやすい女性のタイプ表記など、分析を読み解くほどに、専門家にとってはそれが〝学問〟や〝研究〟の対象だし、警察が補強し網の目を広げ続ける検挙への道筋は、ルール違反を堂々としてみせる人間に、新しいルールを作ったところでまたそのルールを違反する。いたちごっこから抜け出られないのが「法による逮捕」の限界だ。

そもそも恋愛に同意や合意があろうが、五分五分の対等の愛情があり得るか。どちらかに愛情の温度差があり、不安定さの中にはその逆転もある。

相手が一方的に好意をよせ、「嫌いじゃないし、悪い人ではないから」程度でも交際は始まる。不均衡な愛情バランスでも〝恋愛〟とわれわれはひとくくりにしている。極端な話、一〇〇％相手が自分に好意を寄せ、こちらはゼロ％を〝ファン〟という。ちなみに相手が一〇〇％好意があり、こちらは一〇〇％嫌いでも相手はそれを〝恋愛〟と思い、生まれるのがセクハラだ。

「ビルトインされた鈍感さのために、女性の怒りや戸惑いが男性にはなかなかピンときません

から」（牟田和恵『部長、その恋愛はセクハラです！』集英社新書）

「ファン」と一括りにできない

ファンでもさまざまな顔がある。

道で声をかけてもらう「ファンです」という言葉は、親近感から熱狂まで幅広い。熱狂的、ということがどういう現象を指すのか、ひとつ例を紹介したい。

友人が深刻な病気になった。もう余命幾ばくもないと知らされ病院に行った。宝塚歌劇が好きだというので「誰のファン？」と聞くと「○○さんのファン」とつぶやく。その人がたまたま私の知り合いだったので、友人にしてやれる最後のプレゼントとその人に電話をし、同級生に代わった。

すると、逝きそうな細い息と声から、瞬く間に生命力あふれんばかりの声量になり、まくしたてるようにキャッキャと喋った。新人の頃から現役を辞めるまでの経緯を資料ひとつ見ず電話で語ってみせた。詳細な記憶に舌を巻いた。その激変に腰を抜かした。後でその人に礼の電話をし、私程度ではああは元気にならない。宝塚はすごい職業だ。逝きかける人をこの世に引き戻す力を目撃した。これが本当の意味で夢を売る職業。選ばれた人にしかできない仕事、と感想を述べた。

その人の意見は違った。ファン、というが実はファンというより恋愛に近い。だから何度も観劇に通い、人生まるごとを一人の人間に関わってくる。その恋愛力が宝塚を支えている。私がすごいのではない。ファンの恋愛のエネルギーがすごいのだ、と。ファンが、実は〝ファン〟という言葉では表現できない、〝人生ひとつぶん賭ける〟エネルギーの持ち主だと知っていた。

メディアは、恋愛はすばらしい楽しいと煽っているが、そこにセットでついてくる負のエネルギーについては多くを語らない。恋愛感情はコントロール不能に陥ると原子炉級の止まらなさがあり、その〝狂気〟のひとつにストーカーがある。

本人は「ファンです」と言うが、恋愛にヒートアップしている可能性がある。テレビの場合、無職・家族なし、の民事でいう「何も持たない最強の男」に出会う確率は観劇ファンより高い。舞台出演者を追うには経済力がいる。全国ツアーについて各地のホテルに宿泊しチケットを何枚も購入。そういう人は仮に暴走しても抑制への道筋がある。

精神科医（前出、福島章氏）の「その眼識は人生経験と、人間を見る関心の深さによって養わなければならない」という言葉は、ネット時代、一般人が芸能人化しつつある今、「その眼識は〝芸能人経験〟と、〝ファンを見る関心の深さ〟によって養わなければならない」とそのまま置き換えたい。

「離婚は結婚の五倍しんどい」と言ったタレントがいる。知名度が増すということは、交際も結婚もした覚えのない相手と、離婚する五倍のしんどさだけを背負い続けること、と伝えておきたい。

少なくとも私の経験では、逝きかけた人をこの世に引き戻すほどの力は私にはないが、数年間、知らない男が私の家におり、車で激突せねば自分のマンションに帰れないしんどさと共に芸能界はある。

引退した著名先輩タレントが言った言葉。「もうあの戦場に戻ろうとは思わない」

4　韓流ファンに見る「好き」

発情するファン

韓流ドラマの主演男優が来日するというので観に行った。

二〇〇〇人のホールは満席。憧れの存在というのは、近づけば近づくほど「ああ、自分と同じ人間だった」と冷めるものだ。恋を楽しみたいなら不用意に近づかないのが賢明だとウダウダしている間にチケット購入が遅れ、最後列の席になった。でも舞台を俯瞰できるその席が、思いがけない眼識を私にもたらしてくれることになった。

東京のみのイベントに私が大阪から駆けつけたくらいだから、全国からファンが集まっているはずだった。移動費、宿泊料、チケット代をかけてまで会いたい、その感情は恋愛レベルと見ていい。

イベントは平凡なトークショーだが、最後に客全員がスターと写真撮影できる夢の特典が待っていた。恋愛心理を突いた上手いビジネスだ。

舞台には一〇名ぶんほどの雛壇が作られた。その前列中央にスターが座り、ファンがスターを取り囲む形で集合写真を撮る。それを二〇〇〇人ぶん。一回の撮影で一〇人。スターは二〇〇回写真撮影する。私はラスト二〇〇番目の撮影グループだった。たかが写真のために消費する想像もつかない待ち時間に、私は「帰ろうか」と言った。友人は「ちょっと待って」と、私たちが座る二階席の通路一番前まで行き、つんのめるようにしてデジカメでスターの写真を撮った。

「ほら。アップにしてもこの程度。だから、二〇〇〇人を待って、スターと一緒に撮りましょうよ。もう二度と来日しませんよ」。デジカメを私に見せながら言った。

私が興味を持ったのは実は、二〇〇〇人の〝ありよう〟だった。客席で背中越しだと気づかなかったが、二階席から、舞台の雛壇でいそいそと並ぶ〝恋する〟人たちの沸き立ちようは面白かった。韓流を意識して真っ赤なチョゴリ姿で登場する女性。派手な着物で正装してくる年配女性。熟年層が多かったが、多くの女性が過剰に派手だった。そこに私が感じたものは、恋愛レベルなんかじゃない。

発情だ。

この空気感は以前経験したことがあった。

新幹線に乗るといつもと様子が違う。若い女性が多かった。それだけでも新幹線では珍しい光景だが女性たちの息が荒いというか、熱っぽいというか、車両全体が熱を帯びたようになっていた。しばらくすると通路をアイドルが歩いてきた。歓声があがった。それで合点がいった。女性たちはアイドルのコンサートを見た帰りで、アイドルと同じ新幹線を狙って乗った熱狂的ファンだった。大ホールで米粒ほどのサイズにしか見えなかったアイドルを手の届く距離で見られるのだから興奮して当然だ。その時の女性たちが車両中に放つ蒸し返すような高揚感と、韓流スターの会場のファンが放つ熟年世代の高揚感が似ていた。恋したら何歳でも発情する、という〝眼識〟を私は持った。

恋愛感情はまず近づきたくなる、という法則でいくと、女性たちは同じ舞台の上で韓流スターに近づくことはできた。次は触ろうとした。しかしサインも握手も禁止でスタッフが堅くガードしていた。二〇〇〇人と撮影するのだから効率的な流れが必要だ。でも、ファンは触りたい。すると、触れるための知恵をあれやこれやとあみ出した。

「こんなに高齢なのに、あなたに会いに来た」という〝儒教の精神〟という武器。

「ほら、生んだばかりの赤ちゃん連れてきた」と赤ちゃんを見せながら自分がちゃっかりスターに触る〝慈愛の精神〟の武器。

「見て、足を怪我してギブスはめているのに、来た」という〝哀れみ〟の武器。

スタッフの一瞬の目を盗んで突然抱きつく〝魔がさした〟武器。

撮影までは大人しく雛壇に並び、シャッターが押される瞬間に突然スターの両肩に手を乗せる〝知能犯〟。どれほどスタッフが禁止を叫ぼうがまったく無視して聞こえないフリして触る〝居直り〟系。「見て見て」と真っ赤なチョゴリでクルリと回ってみせた後近づき触る〝挑発〟系。

舞台で繰り広げられる発情の乱痴気騒ぎを腹を抱えて笑いながら見た。トークショーよりこっちのほうが余程面白かった。

ファンの分類

私の眼識では、ファンは以下に分類できる。
① 儒教系
② 慈愛系
③ 哀れみ系

④　魔がさした系
⑤　知能犯系
⑥　居直り系
⑦　挑発系

多様な形でファンはそれぞれに〝近づきたい〟欲求を果たそうとするが、そこには一貫して同じものが流れていた。「好き」にもかかわらず、自分の欲求にのみ忠実で相手への配慮が見られないことだった。

スターは高齢者や乳幼児を無下にできないし、自分のためにわざわざお洒落してくれた人を冷たくあしらえない。そこにつけこむファンの姿が逞しく愉快で、待ち時間は退屈しなかった。

本当に「好き」で大切なら、ルールに協力し、相手が冷たくできないところにつけこまない。何かを要求しない。相手がどうすればしんどくないかを想像してあげる。そういう〝相手を想う〟人を、私は発見できなかった。

「好きというけど、ウソやな」と私は友人につぶやいた。好きなら、スターの疲労度を鑑み、私なら遠慮する。料金を払ったのだから雛壇には並ぶが作業は早く終わるよう協力する。タレントならわかるが二〇〇枚写真を撮られることは驚く数字ではない。だが二〇〇〇人の個々の要望に応え〝笑顔〟でいることはしんどい。私も二〇〇〇人に笑顔でサインや握手をしたことがある。私のファンではない。ひとりにサインしたら次々と、パーティ会場のほぼ全員が「ほなせっかくやからついでに私ももろとこ」と押し寄せ逃げられなくなったのだ。その時の心情をよく覚えている。

笑顔? どうぞ笑顔。写真? また笑顔作ります。もう一回? はい笑顔作ります。今度はスマホで? はいどうぞ。友達の携帯で? はいどうぞ。失敗した? はいもう一回どうぞ。触りたい? どうぞ。近くで顔が見たい? どうぞ。これはサービス精神ではない。だってもう〝止まらない〟のだから。

ファン=好き=大切にする、という方程式よりも、好き=欲望を満たしてくれ、が恋愛レベルのファンの姿だ。そこにある約二〇〇〇人の止まらない欲望を見た。男女差なく、恋した相手には満たしてほしい〝自分の〟欲望がある。欲望の内訳は男女で異なり、満たされたい欲望のレベルにも個人差があり、握手からつきまといまで幅広い。

二〇〇番目の順番がきたが、私はスターに近づかなかった。もう生涯二度と会うこともないだろう顔を目に焼き付けることに集中した。しかし他のファンは違った。「これだけ待ったのだから」を理由にいっせいに身体に触りに行った。

警備スタッフがガードを固め、スターを舞台袖へ誘導した。するとスターは突然振り返り、スタッフの手の間から私に向かって自分の手を差し出した。遠くにいる私に「おいで」と手招きする。驚いた私は自分を指さし目で「私？」と聞く。彼は何度もうなずいた。私だけが彼から「おいで」と手招きされ、握手してもらった。それを目撃した友達は「私もっ」と突進したが女性たちに突き飛ばされて転び、その撃沈ぶりに大笑いした。友人は「遙さんはきれいやから」と憎まれ口をきいた。

違う。

プロはファンたちの思惑を、ファンが思っている以上に察知できる。二〇〇〇番目に私を手招きしたスターの行動はプロ意識だ。一九九九人も二〇〇〇人も同じこと。私が彼でも同じことをしたと思う。今、自分の目の前にいる、自分を「好き」でいる人が、何を自分に求めているか、瞬時にわかる。遠慮して近づかないファンの気持ちを察し、手招きして写真撮影することは日常的にある。それがどれほど嬉しいか、自分がやってもらって追体験できた。

〝好き〟が瞬時に〝怒り〟へ

国を超えてファンがいるスターは、〝ファン〟の眼識を私以上にもっているはずだ。「好き」を前提に成り立つ職業は、常に、「好き」という人の持ついろんな欲望を引き受けていく。

「あなたのファンだから受け取ってください」と人形を頂いた。「写真撮ってください」と言い、人形と私と自分とが一緒に映る。いただいた名刺には人形ショップの名前がある。

今後私の写真がその店に貼られるのだと思う。好き＝店に利用したい、がそのファンの欲望だ。

友人が私を岩盤浴に誘った。「ファンです」という経営者が私を案内し、つきっきりで私の写真を撮り続けた。すべて広告に利用されるとわかる。好き＝利用して儲けたい。それが経営者の欲望。そんな経営者と知って私を連れていった友人もまた、「連れてきた」ことで満たす何かがある。「好き」という人たちに囲まれることはいつも誰かの欲望に応えることになってしまう。

仮に、欲望を満たしたい人を拒絶したらどうなるか、〝好き〟が瞬時に〝憎悪〟や〝怒り〟に変わることも織り込み済みだ。

昔、先輩男性タレントとスタッフたちで花見に行った。シートの上に手作り弁当を広げた直後「ファンやねん。こっちきて酒ついで」という男性が現れた。先輩はそれを拒絶した。欲望を拒絶された〝ファン〟は私たちが広げたばかりの弁当に砂をかけて去った。手作り弁当に乗った砂。自分の職業の現実を知る忘れられない体験だった。

「好き」とは「欲望」を指す言葉で、それを満たせば「もっと」となり、拒絶すれば「仕返し」が待つ。「もっと」というのは酒を注ぐだけでは終わらず、その宴席で全員と写真を撮り、それを見た他の客たちの「こっちにも来て」という要望に応え、ひとネタやってからようやく解放される、いや、解放されない。たった一人と写真を撮ったために二〇〇〇人と写真を撮らねばならなくなった私がそうだったように。欲望の終わらなさを知る先輩タレントの初期判断での〝拒絶〟だった。

私は店などで「写真を撮ってください」と言われたら、その人と撮った直後にすぐ店を出るようにしている。拒絶後の憎悪や、「じゃ私たちとも一緒に」の止まらなさを回避するには、この方法しかないからだ。


元交際相手が自分の「別れたくない」欲望を拒絶されて憎悪し好きな人を殺す……。ストーカー事件を引き起こす前段階での〝好き〟から始まる一連の惨劇は、この職業を長年やっていると決して予想外の展開ではない。

「好き」と言って近づく人には警戒を。本当に「好き」な人はそっとしておいてくれる。それは芸能界の〝眼識〟だ。

5 〝好き〟と〝憎悪〟の分かれ目

ストーカー規制法改正で見えてくること

警察庁の「ストーカー事案及び配偶者からの暴力事案の対応状況」というのを何年も見てい

ると発見がある。

執筆をぐずぐずとためらっているうちに、ストーカー規制法が改正された。

平成二五（二〇一三）年度の警察庁発表は「生活安全局生活安全企画課」が出したデータ。だが、平成二六年度になると「生活安全局生活安全企画課」と「刑事局捜査第一課」が並んで記載されている。

改正は命の犠牲がきっかけになる。

一九九九年の桶川市での殺人事件後、二〇〇〇年ストーカー規制法が施行された。二〇一二年の逗子市の殺人事件で「メールを繰り返し送る行為を禁じる」法改正が成立した。二〇一三年の三鷹市の殺人事件後、「警察本部の捜査一課特殊班や、暴力団対策の部隊の投入」も加わることになった。

それを受けての「生活安全局生活安全企画課・刑事局捜査第一課」の並びは、その経緯を知る者には重く切ない。

ここでは平成二六（二〇一四）年度三月二〇日付けの発表を紹介したい。

「ストーカー事案の認知状況」は平成二五年度で二万一〇八九件。法施行後、最多だ。

「ストーカー事案の検挙状況」を見る。検挙件数は一八八九件で過去最多。私が経験した「住居侵入」や「脅迫」はストーカー規制法ではなく「刑法・特別法検挙」にカウントされる。ここに「殺人」も入る。ちなみにこの年の殺人は未遂も含め一五名で過去最多。他に強制わいせつや強姦、名誉毀損などいろんな検挙もこちらに入る。それとは別に「ストーカー規制法違反検挙」とされるものが四〇二件でこちらも法施行後最多だ。

全体的に「ストーカー事案」なのだが、そこから先は「刑法・特別法検挙」と「ストーカー規制法違反検挙」に分かれる。「ストーカー規制法違反検挙」の中でも「ストーカー行為」と「禁止命令等違反」に分かれる。とにかく、ややこしい。

ストーカー事案の被害者の性別は、平成二五年度では男性が二〇三六人に比べ、女性は一万九〇五三人。

「男性にも被害者がいる」論に私が加担しない理由はこの数字だ。約一〇倍の差がある〝警察に駆け込むほどの〟被害。精神科医の書く「僕も女性ストーカーの被害者になって困ったものだった」話や、「女性ストーカーも多い」項目に興味が湧かないのもこの数字にある。

「殺されないために」に焦点を絞れば「困ったものだった」的論調はストーカー四方山話で、「殺されるかもしれない」切迫感から遠い。

「被害者と行為者の関係」は、平成二五年度の数字では交際相手（元交際相手含む）が一万九三三人と、他の千人単位の多様な関係と比べると桁が違う。私は「その他」にカウントされる。芸能人が通報せず、ストーカー事案として警察が認知していないだけのこと。

動機は「好意の感情」が六八・〇％、「好意が満たされず怨恨の感情」が二四・一％、合計九二・一％の理由が「好き」に起因する。

好かれてもストーカーになり、拒絶してもストーカーになる。これらの数字を見るだけでも、「好き」という感情が決していいことばかりではないことがわかる。

その生存戦略として「これ以上好かれないように、そして、憎まれるほどの拒絶をしない曖昧さ」が重要になる。「好かれないように。嫌われないように」そのラインを踏み外すことなく、自分のことを「好き」と思ってくれる他人と関係性を維持し続ける。こんな芸当、素人にできるわけがない。二〇代で殺害されてしまう被害者は、つまりは客あしらいが未熟で、またそれは当然だ。一般の人が芸能人化している今を鑑みれば、われわれが会得した、殺されないで生きる方法の伝授は、「夢を売る商売」の中で隠し持ち続けず、公開すべき情報になったと私が思う所以だ。

権利意識の錯覚

「好き」＝「近づきたい」＝「触りたい」＝「サイン・写真がほしい」＝「家を見たい」＝「中を見たい」＝「交際したい」＝「結婚したい」という流れ。「好き」がもたらす欲求の終わらなさを知るわれわれは、「ファンと結婚した」ケースの破たんをいくつも見ている。もちろん例外はあるが。

「好き」＝「何かを要求する」発想がなぜここまで当然視され定着したか。データ項目にある「好意が満たされず怨恨の感情」とは、要求したものが手に入らず「満たされ」ないから生まれる「怨恨の感情」のことだ。「好き」という感情の根源に見えてくるもの。

それは、「好き」は、「くれ」ということ。

私たちはすでにそれを法律化して身体化している。

「好きだから結婚してほしい」は「人生をくれ」という欲望。

上野千鶴子氏による結婚の定義。

「自分の身体の性的使用権を生涯にわたって特定の異性に対して排他的に譲渡する契約のこと」（上野千鶴子・小倉千加子『ザ・フェミニズム』ちくま文庫）。

「好きです。結婚してほしい」は「その身体の使用権をくれ」ということになる。

「好き」を「くれ」と直訳すると、実に多くの「好き」は「くれ」に置き換えることができる。

「好きです。付き合ってください」は、「時間をくれ」。「好きだから抱きたい」は「性欲を満たしてくれ」。誰かを好きだからといって何かの権利が生じるわけではないのに、「好き」を受け入れた途端、相手に何らかの権利意識を錯覚させてしまう。それが結婚なら〝性的使用権〟を譲渡したのだから夫婦以外と性的関係を持ったり、あるいは夫婦の使用権を拒絶しても、権利を侵された側は怒る。大変強い権利だ。ハンコ押して書面まで国に提出している。

だがこの「権利を得た」という錯覚は、実際にデートをしただけでも、あるいは笑顔で微笑み返して「有難う」と答えただけでも、錯覚する人は錯覚してしまう。ドラマのシーンで「一度寝たくらいで錯覚しないでよね」というセリフの、あの錯覚。

「彼女が別の男性としゃべっただけで彼氏が不機嫌になること、彼女が男性のいる飲み会に行くことを彼氏が許さないこと、彼氏の携帯電話を彼女が逐一チェックすることなど恋人の行動に対して過度な制約を要求することは、デートDVへと発展しかねない危険な兆候と指摘されています。しかしこうした恋人からの束縛は、しばしば被害者たちによって「自分が愛されている証だ」という錯覚のもとにみのがされがちなのです」（千田有紀・中西祐子・青山薫『ジェンダー論をつかむ』）

デートDVは「好き」とコクった側から殴られる、というわけのわからん展開。その頃になってようやく「どうやら危険だ」と一方が別れを告げても、もう一方に「くれ」から生まれた権利意識がすでにあると、そう簡単に別れられるものではない。

「好き」が「くれ」になった後

ストーカーの動機は平成二四（二〇一二）年度、九一・九％、平成二五（二〇一四）年度、九

二・一%が「好意」から始まる。

私自身、「好きです」と突然抱きしめられた経験がある。これはドラマではよくあるが、〝好き〟を、「くれ」と置き換えると解釈は異なる。「好き」と口にするところまで、発言の自由は法律で保障されている。でも他人の身体に触れる使用権を得たわけではない。それを「好き」と口にする側も、言われてうっかり喜んでしまう側も理解していない。

「そもそも、はっきりと「ノー」と伝える言葉を日本の女性たちは持ちません」「日ごろは気付かない、ジェンダーによる言葉の縛りです」（牟田和恵『部長、その恋愛はセクハラです！』）

「好きだ」と言って抱きしめられて「無礼者っ」と怒る女性を私も見たことがない。

「好き」といわれて嫌な人はいないだろう。でもなんらかの「ちょっと違う」というシグナルを感じとった時に瞬時に無事に距離を置けるか。

若い世代には〝眼識〟はまだ難しく、「ちょっと違う」シグナルをキャッチできるかどうかも難しく、「好かれないよう、嫌われないよう」曖昧に距離を置く技術はなお難しい。

「好き」（くれ）と言った側が権利意識を錯覚しているのだから、「別れたい」という言葉が「何を勝手な」と怒りを生むのは意外ではない。桶川ストーカー事件では以下の男性の言葉がある。

「俺と別れる？　それはお前の決めることじゃない！」（清水潔『桶川ストーカー殺人事件』）

最後まで告白もせず何も要求しない「好き」があってもいいはずだが、韓流スターに群がるファン二〇〇〇人の「くれ」を見た私には、それがいかに少数派かを知る。私は「くれ」とは言わなかった。でもスターが「あげるよ」と言ったら、「まじ⁉」とスキップしてもらいに行った。

一緒だ。

相手の意思を尊重する前提のない交際で、「くれ」が満たされなければ「憎悪」に進む。それが自己肯定をかけた「助けてくれ」の「くれ」だった場合、拒絶は「生きていられないほどの憎悪」も生むだろう。

ファンレターには、ほぼ差出人の住所氏名メールアドレス携帯番号を書いてくださっている。これは返事を「くれ」ということ。匿名の場合は脅迫状か誹謗中傷。封筒を見ただけで内容がわかる。交際の有無、恋愛なのかファンなのか、それら区別にあまり私は意味を感じない。「ストーカー規制法に抵触する動機」で「好意の感情」「好意が満たされず怨恨の感情」と分類されようが、どちらも〝好意〟がきっかけであるように、ファンレターも脅迫状もベースに流れる感情は同じだと解釈している。結果がどちらであれ、わざわざ長文の手紙を書いて投函し、あるいは番組や本を見続けている。ネットで書き続けている。応援しようが叩こうが、その人は誰かに執着している。好感度調査の「好き」も「嫌い」も同じタレント名だったように、「好き」は常に正反対の感情と紙一重だと、私はこの職業で知ることができた。

6　なぜあなたが選ばれたのか

虚栄心と屈辱

人の心には「肯定されたい」思いや「すごいやつだと思われたい」思いがある。多くの職業にそういう動機の成功譚がある。

現実社会でそれが叶わなくてもネット社会でそれを満たそうとする人もいる。予告して起こす無差別殺人や、「さあ、君たちに捕まえられるかな」的、権力への挑発型犯罪。幼い子を狙う犯罪。それらの根っこにどんな手を使ってでも「自分ってすごい」と思いたくてならない人間の七転八倒を見る思いだ。

有名になることだったり、知力を誇ることだったり、権力を実感することだったり。

ストーカー殺人も七転八倒のそのひとつではないか。「すごい男」と感じさせてくれなかった罰、といおうか。憎悪の対象が、社会か組織か権力か女性か、という違いで、社会に居場所がなく組織にも排除され権力も持てず女にもモテない。その最後の砦の「この女まで俺を舐めやがって」という最終地点の憎悪がストーカー殺人のように思う。

二〇一四年五月、大阪市平野区の男性は五七歳無職。一方的に想いを寄せた飲食店従業員の女性を十数カ所刺している。「好き」で片づけられる感情ではない。

二〇一三年一〇月、東京都三鷹市の事件の男性、二一歳無職。女優志願の女性の眩しさ、彼女を連れ歩く誇らしさはいかばかりだったか。だが刺殺した。この行為を「好き」で説明できるか。

「なぜあなたが選ばれたのか」という問いの答えは二つが浮かぶ。その男性にとって最後の砦として、自己肯定の存在としての女性。もうひとつは、最大級の虚栄心の象徴としての女性。孤独で惨めな男には最後の癒しに映り、「すごい男」と言われたい男にはほしくてならないトロフィーに映ることだろう。

「男は、男の世界の覇権ゲームで、他の男たちから実力を求められ、評価され、賞賛されるのが好きだ」(上野千鶴子『女ぎらい』紀伊國屋書店、二〇一〇年)

そういう社会には、敗者側による自暴自棄型の無差別殺人や、全否定されたと感じた男が引き起こすストーカー殺人は、負の側面としてセットだ。

勝者は必ず敗者を前提としている。どの女を連れ歩くかも、男性世界の〝実力〟と〝評価〟と〝賞賛〟。女性は勝者の花であり敗者の癒し。男性社会で実力も評価も賞賛も獲得できず、そのうえ女性からも否定された男性の心情は察するに余りある。

もし社会のどこかに交流できる居場所があり、「これは君にまかせた」と言ってもらえる小さな役割意識を持て、女性に拒絶される自分を受け入れられる。そうした〝小ささ〟を許せる感性があればどうだっただろうか。しかしそう思えるなら、その人は十分に強い人間だと思うが。

自らが勝者でなくても、振り向かれる女を連れて歩けば、その男性の虚栄心は擬似的に満たされる。あくまで擬似的な快感。虚栄心からでも恋愛は始まり、それを満たしてくれる女性に魅かれる。虚栄心の強い男性が選んだ女性であれば、その女性から拒絶されたら、それは〝失恋〟ではなく〝屈辱〟になる。

一九九九年の桶川ストーカー殺人。

被害者の女性が身を引き始めた頃、男性の「天罰を下して、地獄に落としてやる」（清水潔『桶川ストーカー殺人事件』）という表現がある。処罰感情があり、〝失恋〟という発想はない。

「すごい俺」と処罰意識

私は幾ばくかの社会的認知度をもつ自覚はある。そんなものは、ひょんなことで消える幻想だと〝私〟は知っている。でも、それが〝ほしい人〟にとっては私を選べば欲望は擬似的に満たされる。私が実際どうかということではなく、その男性にとって「すごい」と〝他の男〟に言ってもらえることに意味がある。

交際している男性と喧嘩しながら私は時間を気にしていた。生放送のラジオがあった。喧嘩は終わらず仕事を遅刻し番組を降ろされることになった。後日、その男性がその日の放送を聞いていたことを知った。私の日程を知っていたのに時間を引き伸ばし、男性がラジオで聞きたかったものは。

自分を侮った（と自分が思った）相手に罰を下したい、といった動機の事件は、無差別殺人級でなくても、ストーカー殺人事件でなくても、恋人間の小さい単位でもある。昔、主演女優が舞台を放棄して男性のもとに走った事件があった。放棄だから公演中止。当時大きな報道になった。「働けないほど男性が好き」で主演女優が舞台を捨てるか。「今、俺をとるか仕事をとるか」という追い詰めがあったはず。社会的衝撃が走るほどの罰を下したい男と交際しただけの話だ。著名だから事件になり無名の私は今書いた。

「好き」と意識をしていても深層心理は「最後の救い」を求めていたり、「最大級の俺」を感じたかったりと、別の顔を持つ。実はその別の顔が女性を選んでいる。

殺害後自死した逗子市ストーカー事件では、男の遺族からの話で「別れてから、男は3回、自殺を図って」おり、「恨みや殺意は見当たらず、三好さんにすがるような内容」（朝日新聞デジタル、二〇一三年六月二七日）の遺書だったという。

「すごい俺」を飾るための女には処罰が待ち受け、最後の救いとしての女は男の絶望の道連れになりかねない。

「恋愛はいつでもクライシスである。幸せな二人が恋に陥ることはない。ただ危機にある個体どうしが、補完的な他者を呼びよせる」（上野千鶴子『女という快楽』勁草書房、二〇〇六年）

そうか。互いの穴埋めだから、別れられないのか。それを上野は「相互依存ゲーム」という。

恋愛ではない。依存だ。

「強い男」を実感したい男性は「守ってほしい」女に魅かれ、必要とし、手放せなくなる。「賢い男」と感じたい男性は「おバカさんキャラ」が好き。逆もしかり。守ってほしい女は強く見える男を選び、学歴コンプレックスの女は賢げな男に憧れる。

ただし、強さの定義も本当の賢さもそれは問わないという前提で。

私は「どうしよう。一人だ」と別れてもすぐにまた戻った。男性にとっての私の存在価値は「満たしたい俺の虚栄心」で、主体は〝俺〟にある。同時に、男性が願う「いつでも僕を待っていてくれる家庭的な女性」の矛盾に気づく思考回路（ジェンダーといいます）はなく、「柿むいてくれない」と言って別れを告げる。だがその実、率先して柿をむく一般の家庭的女性には魅力を感じずまた私のところへ戻る、を繰り返した。

運命の人も、赤い糸も、腐れ縁もない。「好き」そのものが、「くれ」なのだと置き換えれば、何をそこまでほしかったのか、なぜ依存するほど相手に執着したのかが見えてくる。

自分の苦悩の根本を解明できないまま放置して、時間は解決しなくて当然だ。相手を次々変えようが、相手を殺そうが、自死しても謎だけが残る。否、謎が解けないから自死するのではないのか。

第3章 「ヤクザ未満」のタチの悪さ

ケース3 暴力団系ストーカー

1　ストーカー規制法後に登場したストーカー

規制法前後の殺人事件

二〇〇〇（平成一二）年、一一月四日、ストーカー規制法が成立し施行された。桶川ストーカー事件がきっかけのようにクローズアップされたが、実際はその前後も事件は散在した。

規制法が施行される前後のストーカー事件のうち、殺人事件のみを並べる。

・兵庫ＯＬストーカー殺人。一九九九年二月、会社員の男性。もと交際相手だった女性に自ら車を激突。女性を死亡させ自らも自殺（事件内容の一部のみ随意抜粋引用。以下同様）。

・愛知県女子高生ストーカー殺人。一九九九年八月、無職少年。以前から好意を寄せていた。刺殺。

・桶川女子大生ストーカー殺人。一九九九年一〇月、元暴力団員男性。数々のいやがらせ。刺殺。

・沼津女子高生ストーカー殺人。二〇〇〇年四月、無職男性。以前交際していた女子高校生を刺殺。
・茨城女性ストーカー殺人。二〇〇〇年八月、無職男性。もと交際相手の女性を刺殺。
（『私はストーカーとこうして闘った‼』ストーカー対策研究会編、双葉社、二〇〇一年）

規制法施行以降、二〇一三（平成二五）年には、二万一〇八九件という過去最多に「ストーカー事案の認知状況」は増加した（警察庁 平成二六年三月二〇日）。「逮捕できる法律がない」と頭を抱えた刑事がいた時代から見ると、「警告」が平成二五年で二四五二件という数字は、被害→警告という道筋ができたということで、「この男はやばい」と感じたら警察を法律が後押ししてくれる。ストーカー規制法ができるずっと前、「なんやわからんがこれは被害だ」という感性を持った刑事の警告でストーカー事件が解決した経験がある私は、法律の誕生を心から喜ばしく思った。「警告」で止まれば最悪は避けられる。
その頃、次のストーカーが現れた。

次のストーカーはヤクザ？

男と出会ったのは、ある局員の祝いの宴席だった。宴席を企画したのは芸能人。その人からの連絡で、「局員自身がリクエストした人」に私の名前があり、招かれた。行くと、宴会場に数十名、名のある芸能人たちが顔を並べていた。私の見知らぬ人もいた。

食事会に初対面の人が同席することはある。主催者にとって大事な人が加わる食事会はめずらしいことではない。

過去に「暴力団員とゴルフした」とか「同じパーティに出た」などで職を追われる政治家、芸能人がいたが、彼らが主張する「その人物が暴力団員かどうか、聞いてまわれというのか？誰がそれで誰がそうでないか、なぜわかるんだ」という声は、暴対法の時代の今では通用しない。世間は「知らない人がいる宴席は普通」というのがまずわからないし、出席者の素性には招かれた側より主催者が神経質になるべきだ。だが糾弾されるのは著名参加者のほう。だから主催者を見分ける〝眼識〟が、芸能界でも政界でも必至だ。

私はというと、どうやらその〝眼識〟を間違った。宴席を企画した芸能人は厳しい経済状態にあった。今思うとなぜそういう人物が幹事になり、人集めしたのかのバックグラウンドに想像力を働かせるべきだった。「おかげで出世できました」といえる豊かな芸能人が主催せず、なぜ貧しい芸能人が音頭を取るのか。食事のお誘いに「で、カネは？」という無粋な質問が生命線を分ける時代になった。たった一回「メシを奢ってもらう」ためだけでも、人選の目が翳る生活の困窮があるというのに。

私は、宴席に出席した。

宴席で男性の視線をすぐに感じた。幾度も私を見る目、褒める言葉。名刺をもらったところで芸能人が集う場に登場する人物の肩書は曖昧なものがめずらしくない。感じ慣れた不吉な予感がした。私は先輩の後ろに隠れた。その先輩に男が言った。

「これから、遙さんを応援させていただいてよろしいですか」

先輩は「それはよかった」と喜ぶ。「好き」の持つ狂気を知らない人は「好意」を無条件に祝福する。

「応援していただいたら？」と先輩が私に取り持つように言った。

「いえ。けっこうです。私はどなたの応援もいりません」

男は、今度は直接私に言った。

「僕はあなたを応援したい」

私も直接、男に答えた。

「けっこうです。私は応援されなくても生きていけます」

「あんたは頑なな子や。そんな頑なやから、結婚できひんのや」と先輩。

いや。頑なだから生きてこられたのだ。殺されずに。ややこしい人物とも付き合わずに。

男はビジネスマンタイプではない。この業界には、金のネックレスやブランド服で粋がるスタッフもおり、見た目ではわかりづらいが私には直感できた。

この男は、まともな職業の男ではない。

「おたく、ヤクザ？」と聞けるものでもなく、私は開宴早々退席した。駐車場で車に乗り込もうとした時、男が私の背後についてきていることに気づいた。他にたくさんの芸能人が宴席にいる。単なる芸能人好きなら私を追いかけてくる理由はない。ドアを閉め、これがただの芸能人好きの素人さんで終わるよう願いつつアクセルを踏んだ。


翌日。

私の事務所に電話が入った。秘書が私に伝えた。

「○○という男性から。いい仕事があるから本人と会って直接打ち合わせがしたい。本人から連絡をくれ」という伝言だ。昨日の男だった。私は無視するよう秘書に指示した。

企画書や、マネージャーとの接触を飛び越えて〝本人と〟という仕事依頼は私の業界では、ない。〝いい仕事〟という言葉使いも、ない。もっと具体的で慎重に仕事は運ばれる。

もし、〝眼識〟がなければ会いに行ってしまうのかもしれない。もし、生活の困窮があれば「仕事」と聞けば会ってしまうのかもしれない。また、業界の事務的通例を知らなければ、無知ゆえに会ってしまうのかもしれない。私の〝眼識〟ではアラームが鳴った。

「会いたい」から被害請求へ

男の「会いたい」という電話は止まず、その後、「僕と会わないと仕事をできないようにしてやる」に変わっていった。やがてそれは「これだけ連絡したのに僕と会わなかったために、仕事先の相手の信用を失った。その損害賠償を支払え」に変わった。

被害請求。これは定番で、ストーカーを扱った著作にはよくその例が登場する。

「ストーカーが被害者に金を要求し始めるとき、彼らの心の中では相手への憎悪が沸騰点に達し、見栄やプライドや人間的な心や社会的常識や理性さえも消え始めていることを意味するのである。ということは、彼らはとても危険なことを始める一歩手前にいるということ」(荒木創造『ストーカーの心理』)

ここで、〝金銭の要求〟なども含め、ストーカー行為というものをもう少し詳しくみておこう。

警視庁ウェブサイトの「ストーカー規制法」によると「ストーカー行為」とは、「同一の者に対し「つきまとい等」を繰り返して行うことを「ストーカー行為」と規定して」とある。だから、「つきまとい等」は「ストーカー規制法違反」内での検挙になる。その枠に入りきらないストーカー事案は「刑法・特別法」(殺人、強姦、暴行、傷害、恐喝など)による検挙になる。

その「刑法・特別法の適用による検挙は、1574件」で、これもまた「法施行後最多」だ(警察庁、平成二六年三月二〇日、生活安全局生活安全企画課 刑事局捜査第一課「平成二五年中のストーカー事案及び配偶者からの暴力事案の対応状況について　ストーカー事案の検挙状況」より）。

ストーカー規制法を作らなくてもとっくに昔から「これはあかんやろ」と社会と合意形成ができている凶悪度の高い犯罪行為が、ストーカー事案においては法施行後最多。

近年の増加の勢いを数字で見てみる。

私が過去経験した〝住居侵入〟は検挙件数が、平成二三年では一二五件が、平成二五年には二六三件。たった二年でほぼ倍の数だ。

今回の、「俺と会わないと仕事できないようにしてやる」〝脅迫〟は、平成二三年には九〇件の検挙件数が、平成二五年には二八六件。二年で約三倍増だ。

「損害賠償を支払え」という〝恐喝〟の検挙件数を見てみる。平成二三年は六件。平成二五年では二二件。約四倍増だ。これらはみな、あくまで検挙件数で、検挙できなかったり告発しなかった数を想像すると（私のケースも含めて）、どれほどの数の脅迫や恐喝があったかはわからない。

私の直感の「まともな職業ではない男」からの「脅迫」。そして金銭の要求は新たな危険ステージに移ったことを感じた。初対面の人間にノーと言い、無視するだけで被害請求にまでヒートアップするということは、その後も無視し続けたら憎悪が危険水域に行くことが容易に想像できた。かといって脅しに負けて会ってしまうと更なる危険ステージに組み込まれる。金銭の要求のことを「実質的なもの」としてもはや嫌がらせや脅迫レベルではないと荒木氏はいう。「もっと実質的なものとは、多額の金を取ること、相手の身体を傷つけること、仕事などできなくさせて相手の生活を破壊すること、最悪の場合は命を奪うこと」(荒木・同書)

その頃、警察に行く時期が来たと思った。

「まともでない職業」の見破り方

ここで私なりの〝眼識〟による「まともではない職業」の見え方を書いておきたい。まだ眼識を持てない女性たちが被害に遭わないためにだ。私程度に見破られるのだから、わかりやすい例として参照いただきたい。ぱっと、一目見ても、以下のことがわかる。見逃さないでほしい。

① 服が派手(わかりやすい虚栄心)
② オーバーアクション(声が大きい。過剰な自意識)
③ 強さを弱い立場にひけらかす(ウェイトレスやタクシー運転手に対し)
④ 無礼・デリカシーがない(じっと見る、相手との距離感がない)

⑤ 些細なことで大声を出す（「酒が冷えていない」とか）
⑥ 姿勢が悪い（「ちゃんと背筋を伸ばす」機会や環境が少なかった）
⑦ 酒・たばこ・女、など、快楽的なものに依存している雰囲気（酔い方、声ががらがら、親しい女性とそうでない女性との態度が極端に違う。無礼な態度をとってもその女は俺から離れない、ということを周りにアピールしたい）
⑧ 感情がわかりやすい（大人は感情を隠す）
⑨ 中央に居りたがる（写真撮影時や皆と喋る時など。他人の話をじっくり聞けない）
⑩ ここ一番の店が一流店ではない（ちゃんとした店では自分がくつろげない）
⑪ バランスが悪い（ブランドだらけだったり、柄物ばかりだったり。お洒落ではない。お洒落なセンスはすぐには身につかない）
⑫ 尽くす俺、が好き（怖い人間に尽くす姿勢で、ほしい獲物にも尽くす。尽くし慣れていたら気をつけたほうがいい。誰かに尽くしてきた男、ということ）
⑬ 子分や弟分みたいな関係の友人が多い（支配したい、ということ。社会は頭を下げたり下げられたり、対等だったりでできている。俺だけが偉そうにできる関係が上機嫌なら、小人数の宴席でも危険信号）
⑭ 何の職業か一見わからない名刺（わざとわかりにくくしてある）
⑮ 肩書だらけの名刺（あれもこれもするすごい俺、と主張したい）

⑯ 行儀が悪い（食べ方、散らかし方、座り方）
⑰ 目つきが悪い（不満ばかり口にする女性が不機嫌顔になるように、ドスを効かしてきた男はそういう顔になる）
⑱ なんとなく力が入っている（舐められたくない感情。コンプレックス。健全な環境に慣れていない）
⑲ すえたオーラがある（良質の栄養摂取や運動をしていない、前向きに生きていないことの長期化）
⑳ カネがあることを初対面でもひけらかす（奢りたがる・自慢する）

以上が、私の「まともな職業の男ではない」眼識だ。二〇個スラスラ書けた。直感というが、結局は経験知の積み重ねで、それだけたくさんの人々に出会ってきた。街や駅で挨拶されても、その人が誰か、どこでいつ会ったかわからない。それを理解できない人が「ほら、名古屋で！」とか「一緒に食事した！」とか思い出させようとヒントをくださる。無礼を避けるために「ああ！　あの時の」とご挨拶することにしている。一日でどれほどの人数の人たちと出会っているか理解してもらえていないのだと、私が、理解している。

この眼識でヤバイ男からすぐ逃げてもこれだ。仮に、一度でもお茶したり、万が一でも交際じみたことをしたら、このタイプは刑法・特別法の適用対象（殺人も含む）と思っておいたほうがいい。

この「眼識」を築くのが難しい

「竹中直人さんと共演する」と兄に言ったことがある。

「竹中なら俺と同級生だから、よろしく言ってくれ」と頼まれた。

「ほら！　私よ！　同級生の！」と言われて「誰？」という日常を生きている私には引き受け難い兄の頼みだった。

「本当に、竹中直人さんと親しかったか？　私恥かかない？　竹中さんにウソの演技させないで済むほど、本当に本当に親しかった？　ウソの演技って、すっごくしんどいねんで」と兄に再三確認した。

「本当に本当に、親しかったんだ」と兄が言った。

本番当日、楽屋で竹中さんにご挨拶に行った。

「あの、私の兄は同級生だと言っています。兄がよろしく、と」

すると間髪入れず、竹中さんは満面の笑顔で私に言った。目を輝かせて。

「ああ！　あの喧嘩の強いやつだろっ？　よく覚えているよ。よろしく伝えて！」と。そして、多くを語らず竹中直人さんの顔が笑顔のまま揺れていた。会話が止まった。

……ウソだ、と、すぐわかった。

兄は、兄弟たちの中でも最も喧嘩の弱い、喧嘩が弱いからこそ勉強して学級委員長になるくらい、喧嘩の弱い兄だった。ある時、他の兄が仕返しに喧嘩に行ったのを覚えている。

「……はい。……伝えます」と部屋を出た。

竹中さんのそれは、優しさ、だ。

芸能人は、それを妹に持っていても理解ができない。そういう職業だと兄から学んだ。兄のうぬぼれはどこからくるのだろう。竹中直人さん級の著名人には米粒ほどの出会いであろう比率に、それも忘却のかなたの時間軸の中で、「自分だけは覚えてくれているはず」という俺の中にいる〝俺〟の圧倒的存在感。自己愛の肥大とまで言わせていただく。

「覚えてくれてたやろっ!」とウキウキ聞く兄に、「よろしくやて」と優しくしてやった。

「それだけ?」と不満げな兄。

微塵も記憶にないっちゅーこっちゃ、という真実は、つまり私もよく使う手は、兄に秘密にしておいてあげた。この俺、この俺様、という感性はこんな他愛ないレベルから、ストーカーレベルまで通底している。

ネット社会で総芸能人化しているというのに、妹が芸能界にいてもそれが分からず、まして一般の人に眼識を築ける機会があろうはずがない。ストーカーとして危険化するか否かを見極めるのは、一般の女性たちには難しいと思う。危険を察知できる直観は、膨大な人間との出会いでできる辞書みたいなものが必要だ。くどいようだが、私はその眼識で逃げても、あっという間に危険水域だ。逃げなきゃあっという間に獲物として捕獲、だ。

金銭要求を機に私は、暴対法とストーカー規制法を頼りに、男の名刺、宴席での写真、被害詳細記録を持ち、警察署ではなくもうひとつ上、その当時住んでいた土地の警察本部へ出向いた。本部を選んだのは「かなりやばい」と感じたからだ。また、「まともな職業」でない人間の情報を広域に持っている本部がいいと判断もした。

一般の女性がストーカー規制法誕生後に、正面玄関から「助けて」と入ったら、過去とどう違うのだろう。正面玄関を見上げながら、ストーカー規制法がなかった時代の経験が走馬灯のようによぎった。

法成立以降の変化とは

精神医学者の福島章氏は自らのストーカー被害体験を「心身ともに疲れ果てた」と書く。「最近、ストーカーという言葉に接する機会が多くなったが、この言葉を聞くたびに、私は数年前の自分の体験をほとんど《体感的に》思い出す。これはつまり、軽症ではあるが一種の《外傷性ストレス障害》(PTSD)の症状なのだろう」と診断し、「私のストーカー体験は、その応援から解放されて十年以上経っているのに、まだ私の中で傷口となって疼いているのだ」という。だが「被害者である私が男で、ストーカーが女性であったことで救われていた」

理由に、「歴然とした体力差」をあげ、「決定的なダメージを受けないですんだ」と語る。ストーカー側である女性が「中産階級」であり「家族もいた」ことなど「素性の良い」ストーカー」（福島章『ストーカーの心理学』）だったからだと振り返る。

相手が女で体力差から決定的ダメージを受けないで済んで、これだ。「素性の良い」ストーカーなのに専門家でもこれほどの心の痛手を負う。

では男女逆転がどれほどのものか、ご想像いただけるか。

「無職」で「家族なし」、前科ありの「素性の良くない」ストーカー。私が「決定的なダメージ」を受けないですんだのは、たまたまという言葉で片づけられるものではない。

法律ができる以前の警察と以降の警察とどこが変化したのか、この目と耳で時代の変化を感じたかった。

玄関をくぐってハタと考えた。

ストーカー対策窓口である生活安全課に助けを求めるべきか、暴対法専門の刑事課に助けを求めるべきか。この頃はまだ生活安全課と捜査第一課が合体していない時代だった。二〇〇〇年に規制法が生まれてからずっとストーカー事案は生活安全課がその窓口だ。そこに捜査第一課や暴力団対策の部隊が合体するよう、ストーカー事案には警察署だけで対応せず、警察本部も選択肢とするよう、警察庁から指示が出るにはそれから一三年の歳月が必要だった。そんな時代になるまだもっとずっと前。

直感で警察署ではなく警察本部に行ったものの、生活安全課か刑事課か迷った。

仮に「ストーカー被害に遭っています」と言うと〝安全に暮らせるよう〟生活安全課に誘導されるだろう。

「暴力団員とおぼしき男に脅されています」と窓口で言うと刑事課だ。言い方で印象も案内される部署も異なる。

私は刑事課を選んだ。刑事課に「ストーカー事案です」と告げることにした。その男が危険であることはわかっている。〝どの程度〟危険かを知りたかった。

それは過去、「この男は危険」という直観が、犯罪史上に残る殺人事件の共犯者だったという「想像を超える」場合があることを経験したからだ。凶悪犯は「俺、凶悪」とは歩かない。得体の知れない荒み方は素人には凶悪さとしては届きにくい。ふにゃふにゃと得体が知れない感じがしたら真に危ない可能性がある。それに比べ、今回の男は危険だが、「僕危険です」と全身で発しているぶん、前回よりは危険性は低いはずだが確信がほしかった。

凶悪度によっては過去「なぜ男に出ていけと怒鳴らないの」と家族を責めていた私が、「男をいっさい刺激しないように」と笑顔に変わった。今度は、家族ではなく、スタッフを心配する立場になった。私の住まいは転々としていたが事務所の場所は調べられる。スタッフの守り方も聞く必要があった。少なくともその時点での私は、これまでよりもずっと行く先に期待して警察本部の扉を開けた。

2 警察本部のリアリティ

「生活安全課」では舐められる

結論から書く。

……叩き出された。

これはあくまで私の主観での表現だ。

「助けて」と言ったら私のほうが、叩き出された。

担当に出た刑事は暴力団対応だけあって保安課で私が出会った警察官よりも胸板がいっそう分厚い首の太い男性だった。

個室で、「どうしました」という問いに、私はその時点での証拠を並べ、顔写真も見せ、被害を訴えた。次に、今すぐ警察にしてほしいことを申し出た。

今はまだ脅迫だが、短期間での男のヒートアップを見ると凶悪化するのに時間がかかるとは思いにくい。実際、明確な被害結果がないと警察が動けないのはよく承知しているが、私は被害自体を避けたい。それを未然に防ぐために警告に効果があるのは経験済み。

相手が仮に暴力団員だったら生活安全課からの電話では舐められる。暴力団を専門に担当する刑事からの直接の電話がほしい。ここに写真も名前もある。どういう合法的な肩書であろうが、まともな職業の人間ではないのを感じる。この男について刑事部ならすでに情報があるはず。調べてほしい。そして警告をしてほしい。生活安全課ではなく、暴力団対策の刑事から直接に。

そう訴え出たのは、仮に生活安全課から事務的な電話が行った場合、男を逆上させる予感があったからだ。駐車禁止の切符を切るのも〝警察〟なのに、「ちっ！」と舌打ちできる程度の位置というのがある。「ちくしょう。駐禁切りやがって」と憎悪する。「僕はなんてことをしてしまったのか」という反省はない。恐くない警察からの事務的な違反罰則はただただ気分が悪いだけだ。「はい。駐車禁止ね」とか「はい。速度違反ね」と同じトーンで「はい。ストーカー規制法違反ね」とやられた場合の男の逆上は容易に想像できた。同じ警察でもどの部署を舐め、どの部署を警戒するか。事務的に警告するかそこに威嚇があるか。

その分かれ目が生命線であるような気がしてならなかった。この〝俺様〟を無視したから脅迫したのだ。その〝俺様〟を警察に売ったとなれば「警察が」ではなく「誰が」電話をしたかで私の命運が分かれる。

「突然警察官が現れ、コンピュータ技術者は警察に連れていかれた。」そして「説教されただけで釈放された。この頃から彼のストーキングは凶暴性を帯び始めた」（荒木創造『ストーカーの心理』）

「筒井に警告が行われたのである。この時、筒井は警察に対し、「二度と暴力を振るわない。自分からは連絡は取らない」と約束したものの、その直後から「おまえの母親や父親、姉妹を殺す」といった脅迫メールを送るなどのストーカー行為がはじまった。千葉県警は、筒井を再度出頭させ警告」

その二日後、「祖母を包丁で複数回刺して殺害。その後、母親を一一回も刺し、死に至らしめた」（福井裕輝『ストーカー病』）。

「逗子署が小堤の家族を通じて注意した」のち、二〇一一年「ぜってー、刺し殺す！」というメールになり、「逗子署に被害を訴える。同年六月、小堤は脅迫罪容疑で逮捕」されたが「この逮捕を機に、小堤のストーカー行為はおさまるどころか、さらに激しさを増していった」。やがて「刺殺し」（同書）になる。

以上はすべてストーカー規制法にまだ捜査一課や暴力団対策部隊が合流する以前の事件。まずは生活安全課がストーカー窓口だった時代だ。

生活安全課。せいかつあんぜんか、だ。〝生活〟とか〝安全〟という響き。これ怖いか？

昔、私が知り合いの刑事に警告の電話をしてもらったのは、まだストーカー規制法自体がない時代。つまり刑事課の刑事が、暴力団員ではない一般人に「警告」の電話をしたことになる。まだ法律がないということは、法律違反もないということだ。刑事個人の裁量でそれはなされた。その後ストーカー被害が収まったということは、一般人に刑事課から「警告」されることは衝撃力があったということ。私の憶測だが、その刑事は個人的な感情もその警告に含めてくれたに違いない。

「警告」が逆上の引き金になる場合を考えると、警察を舐めるほど過去に警察の世話になってきた人間か、何も怖いものがないほど荒んだ精神状態の人間か。危険な相手には事務的な「警告」や「書面」は火に油を注ぐ。仮に被害者がストーカー行為を「告訴」しても「6月以下の懲役又は50万円以下の罰金」という罪。舐めるに足る罪ではないか。生活安全課からの電話で被害が収まるのは素性の良いストーカーの証拠だ。

刑事課の「脅迫電話」は、整形外科のムチウチ

刑事は私の話をひととおり聞き終わるとまず、写真に写る「芸能人」の名前を一人一人聞き

だした。聞かれるがまま私は宴席に出席した芸能人の名を告げた。刑事が最初に興味を持ったのは、被害、でも、男、でもなく、芸能人だった。質問に答えながら違和感があった。なぜ刑事の私への質問が、被害の詳細、男の特徴ではなく、芸能人にこだわるのか。

以前、追突事故でムチウチになった。違和感は、その時の整形外科医にも同じものを感じたことがある。私が訴えたかったのは〝症状〟で、求めたのは〝治療〟だった。だが、医師から症状についての質問がない。だから質問もされないのにこちらから「こういう状態で追突されたのでそのせいか、こっちの方向に首が動かず、また、痛みも一年経っても事故直後と変わらず……」。

懸命に訴える間中、その医師は話に関心を示さなかった。興味があれば質問している。

医師は言った。

「カネとられへんで」

「……?」

医師はもう一度言った。

「ムチウチくらいで保険会社から金取られへんで」

私の質問は「私の首に何が起きたのでしょう」だ。

私の要求は「治してほしい」だ。

だが返事は「カネとられへんで」。

この会話のズレに「たかがムチウチ」という医師の位置づけが見えた。その医師にとってはムチウチくらいで騒ぐ患者は保険金狙いという経験でもあるのだろうか。

だから痛いと訴える私に「無駄だ」ということを伝えた。

それでも「痛い」と引かない私に医師は「年のせい」という。それまで首の痛みなど感じたことはなかった。事故で瞬時に私は老化したということになる。


整形外科の待合いにはとんでもない身体の壊れ方をした患者が悲壮感と絶望感を隠さず並んでいる。その中で、医師にとっては〝ムチウチ〟のなんと軽いことかと理解できた。

「助けてほしい」と医師に訴えることと、「助けてほしい」と刑事に訴えることと、そこで起こる〝質問がない〟ことの腑に落ちなさには似たものがあった。


日ごろ暴力団を扱う刑事課にとって、〝脅迫電話〟は、医師の、たかが〝ムチウチ〟と似ていて彼らには深刻ではない。両者とももっとすごい事案を見ている。

後に紹介でやっと出会った良心的な整形外科医が私の義憤にため息まじりで答えた。

「片腕がちぎれるくらいの事故やないと、真剣にならん整形外科医が多いからなぁ」

暴力団専門の刑事課の刑事は組長の射殺とかで真剣になるのか。まだストーカー規制法に刑事課が参入していない時代だったことを忘れてはいけない。

刑事には脅迫電話ぐらいの被害状況よりももっと食指が動くものがそこにあった。それが、そういう宴席に出席した芸能人リストの情報を把握する、ということだったようだ。

芸能人の名前以外、刑事は質問を私にしなかった。「助けてほしい。警告の電話をしてほしい」と頼む私に刑事は言った。

「男はまだ行動に出てないんでしょ?」

「だから、出るまえに」

「出る前に突然、暴力団対策の刑事から警告の電話をその男にしたら、逆にこっちが名誉毀損で男から訴えられる」

そういって、「はっは」と笑った。

「警告はしていただけないんですね」

静かに刑事に聞いた。

刑事は「できない」と言った。

席を立ち、最後に聞いた。

「何もしていただけないのですね」

「何も、できんね。証拠はこっちで預かるから」

「治してほしい」と医師に言ったら「カネとられへんで」と返事がくる違和感。

「せめて診断書を」と言ったら「嫌」と言われる腑に落ちなさ。

「助けてほしい」と刑事に言ったら「こっちが訴えられる」と返事がくる違和感。

「せめて何かを」と言ったら「嫌」と言われる腑に落ちなさ。

……何から何まで酷似していた。

私はしきりに頭をひねった。なら私はここに何をしにきたのか。質問もされず情報も得られず助けてももらえず、ただ、暴力団かもしれない男と同席した芸能人の名前を密告しに行ったことになる。

そこには著名芸能人もいた。この情報が外に漏れたら彼らは仕事を失う。私は青ざめた。

暴対法で写真もアウト

一九九二年に暴力団対策法（暴対法）が施行された。その後、各地の自治体では暴力団排除条例（暴排条例）が制定された。

「二〇一一年までには全国の都道府県警でほぼ同内容の条例が整備された。背後で主導したのは警察であり、各地の議会も異議の声をほとんどあげなかった」（『現代思想』二〇一三年一二月号、青木理「この社会にもう残侠伝は生まれない」）

社会は暴力団排除にむかって一丸となっているかに見える。「付き合ったのではない。たまたまそこにいたんだ」という主張は通らない。「いた」で、アウト。

「〈暴力団と交際しないこと、暴力団を恐れないこと、暴力団に資金を提供しないこと及び暴力団を利用しないこと〉

これを読んでバカげていると思わない方がいたら、奴隷根性が骨の髄まで染みついていませんか、と問いたくなる。（中略）誰と交際するか否かは個々人が決めるべきことであり、お上にあれこれ指図されるようなことでは断じてない。

仕事柄、私にはヤクザ者の知人が幾人もいる。当たり前の話だが、尊敬できる人物だと思う人もいれば、どうしようもない人物だと思う人もいる。それは警察官だって同じであり」（同誌）

そうだった。警察全員が私の味方ではなかった。ストーカー規制法誕生前、組織は私を守らなかった。警察にいた〝人〟が守ってくれた。警察には尊敬できる人物もいれば、どうしようもない人物もいただけだ。今、私の目の前にいる刑事のように。

暴対法でいう「交際するな」と「いた」は何が違うのか。宴席を退席しても写真があれば「いた」事実が重視されるのか。一方的にかかってくる電話は「交際」になるのか。

「条例は、具体的にどのような「交際」が違反になるのか曖昧でわかりにくいつくりになっている」(同誌)。

曖昧。だから「いた」という情報や写真という証拠が致命的になる。

ある映画試写会の会場でのことだ。友人のタレントがファンという女性から「一緒に写真を」と言われた。友人は拒絶した。私には見慣れた、ファンの表情が「好き」から「憎悪」へ変わる一瞬だった。そうまでして写真を拒絶した友人に訪ねた。

「ファンと一緒に写真くらいどうよ」

「だめ」

「なぜ」

「暴力団かもしれない。その写真が流れたら私はアウト」

「相手は女性だよ。しかもここはご招待の試写会会場だよ。そんな確率の低い……」

「暴力団員のカノジョかもしれない。とにかく、ツーショットはだめ。世間に「交際した」と反応される。身を守るために知らない人とは写真を撮らない」

それが芸能界の一部のリアリティだ。その〝写真〟を私は警察に手渡した。常に新聞記者たちは警察に情報を求めている。これが漏えいしたら……。腹から気持ちの悪いものが込み上げた。

警察や屈強な男にはない想像力

私が守るべきもの――私、スタッフ、先輩たちの未来にとんでもない時限爆弾をしかけてしまったように感じた。

そして、私の主観に戻る。

……叩き出された。「助けて」と言った私が、警察本部に、だ。

ストーカー規制法ができたのに、だ。

警察本部を出る時、冷ややかな広い玄関の石が、そのまま足から全身を凍らせた。

静かに、沈鬱に、玄関を出た。

「警察がなかなか警告を出さない理由の一つは、非常に強い権力を持つ警察組織が民事上の問題に介入するのを自戒するから」（小早川明子『「ストーカー」は何を考えているか』新潮新書、二〇一四年）

昔、地元の警察でわめき散らした熱い怒りとは逆の、冷え切った怒りといえばいいか。それは法律ができても「助けてもらえない」現実。警察本部の玄関を入る前、ストーカー規制法誕生に期待したぶん、それがなかった過去より絶望した。

それは、一般の女性がストーカー規制法を頼りに、「警察に相談を」の呼びかけを真に受けて、警察の受付からまともに「助けてください」と入った時にこういう扱いを受けていたのか、という経験だった。

逗子ストーカー事件被害者のカウンセリングを担当していた小早川氏によると、「非常に悪質で危険なので、すぐに逮捕してもらうようにと伝え、四月九日、梨絵さんは逗子署刑事課に逮捕を願い出ました」(同書)。しかし「五月九日、逗子署から「身体、生命に危険があるとは認められないので逮捕は無理(後略)」」(同書)。そして一一月六日殺害。

ストーカー規制法誕生後の事件だ。


「逮捕して」

「無理」

殺された。

私の場合。

「男は行動に出てないんでしょ」

「行動に出るまえに」

「まだでしょ」

「だから出るまえに」

「無理」

それがストーカー規制法誕生後の私の現実だった。

時代を超えて再確認したことがある。

筋肉量の多い男性ほど女性の恐怖が通じない。私の「警告」の要望を聞いた刑事は笑ったのだ。「はっは」と。暴対法ができようがストーカー規制法ができようが、「はっは」と笑える筋肉は、それら法律を手に取ろうとしない。闘う意思がなくてなにが法律か。ならまだ「逮捕できる法律がないんや」と頭を抱えた時代の刑事のほうに戦意があった。

「あの男を殴ってよ」と叫ぶ私に「なんで殴れるねん。俺にはペコペコするのに」と言った兄。逃げるストーカーの車を追跡するのを最初に断念したのはスポーツ部の一〇名の屈強な男性スタッフたち。

「詩織さんの家族の再三の訴えにもかかわらず、警察は動かなかった。なぜ彼らは動かなかったのか？　その理由はいろいろ言われているが、最大の理由は人間の心に対する個々の警察官の想像力のなさ、鈍さ、ひいては、警察全体の想像力のなさ、鈍さだと私は思う」（荒木創造『ストーカーの心理』）

それは警察だけではない。逞しく屈強になるほどに、女性の恐怖は見えない聞こえない届かない、だから、動かない。よくできた話だ。

規制法ができる以前に私のストーカーを逮捕してくれ、その後定年まで「警告」し続けてくれた刑事は、「殺害された遺体の顔に自分の顔を近づけ、その無念を感じとった時、よしっ、犯人捕まえたるっ、と思うんや」と語った。私の〝恐怖〟をストーカーという言葉すらない時代に感じとれる「人間の心に対する個々の警察官の想像力」(同書)が極めて高い刑事に私は出会えたから助かったのだ。

3 なぜストーカーに出会ってしまうのか

絶対にいないタイプ

警察本部を出て歩きながら、ふつふつと怒りが湧いた。

暴対法の現在、なぜ業界内々の宴席にそれ風の人物が混ざるのか。タレントを守る目配りが呆けた局員にも怒りが湧いた。男性同士には一過性にすぎなかった男だろうが、退席した私だけがつきまとわれる不運への怒り。

過去、道ですれ違っただけでもつきまとわれる。今度は退席してもつきまとわれる。

「なぜ私ばかり」と同業の女の友人にこぼした。友人はこともなげに言った。

「そういうタイプの男の周りには、遙さんのようなタイプの女は絶対にいないから」
何かほしい女はたくさんいる。飲み代を御馳走してほしい、もそのひとつ。「奢ってもらいたい」欲望は「芸能人を連れ歩く俺」の欲望と合致し、補いあって依存しあう。「金」と「虚栄心」の求愛と結合は、芸能界に「何やってるかわからないけど金払いのいい人」が混ざりやすい。〝奢ってもらいたい芸能人〟の企画した宴席。それがどんな名目であれ、出席すべきではなかった。

〝そういうタイプの男〟とはどういうタイプで、その周りにいないタイプの女とはどういうタイプか。

心理カウンセラー荒木創造氏の桶川ストーカー事件の分析でそのヒントがうかがえる。何度も恋愛と別れを経験したことのある男がなぜその女性にだけはストーカーになったのか。そこに風俗の世界に属す男の〝劣等感〟の強さをあげる。

「ただ強いだけでなく、底の深い暗くてじめじめとしたとでも言おうか、それとも荒涼として乾き切ったとでも言おうか、とにかく人の心に深い寂しさと無力感をあたえる強烈な劣等感」（荒木、同書）

厳しい表現だ。そういうタイプの男性が女性から交際早々に愛想をつかされ、高価なプレゼントにも捕われず女性はさっさと逃げようとした。

「風俗の世界の女性を相手にしていた小松和人にとって、女を引き留めるのに金が無力だということを悟らされたのは詩織さんが初めてだったのかもしれない」（同書）

荒木氏の論理立てだと、男が奢ってほしい女ばかりを見てきたとしたら、その男の応援とやらを拒絶し「さっさと逃げ」た私は、友人が言う「絶対いないタイプ」の可能性はある。だが芸能界は奢られたい芸能人ばかりではない。

「殺すぞコラッ」

ある男性先輩芸能人に高級クラブに連れて行ってもらった。終始なごやかな席だった。後日、楽屋で他の男性芸能人にその話をした。私が「後輩をかわいがってくれる優しい先輩で嬉しかった」と言うと、その男性は目を丸くして言った。

「君何を言うてんねん。あの人はすっごい人やで。以前僕も高級クラブに連れて行ってもらったことがあってな、僕らの酒代を奢ろうとした有名な代議士がいたんや。その人物に向かって、『奢ってなどいるか、芸人を舐めるな』と言ったんやで。普通、僕やったら『有難うございます。御馳走さまです』やで。『自分は怪しい人間ではない。安心しなさい。○○□△という者だ』という代議士に向かってまだ『○○□△がどうしたっていうんじゃ。お前がどこの誰かなど関係あるか。奢ってなどいらん。これ以上舐めると殺すぞコラ』いうたんやで。クラブ凍ったでマジ。後で、「兄さん、あの○○□△という代議士、知りまへんのんか。すごい人物に怒鳴ったんでっせ。わかってまっか」と聞いたら、もうフッーに戻ってな、フッーに答えはるんや。「○○□△やろ？ 知ってるで」って。相手が誰かわかってて怒鳴りつけたんやで。僕、ほんまにすごい人やと思うわ」

「した」

「殺すぞコラ、って、本当にその日本語を口にしたんですか？」

あの先輩ならやりかねない武勇伝だと笑いながら聞いた。ただ、ひとつ確認した。

「話を盛ってないですか？」

「確かに言った」

「〝殺すぞ〟……ですよ。すごい言葉ですよ」

「殺すぞ、って、言った。僕、聞いた」真剣な顔で私を見つめ返した。

私も言いたかった。「応援？ 誰がそんなもんいるか。舐めとったら殺すぞコラ」

これは男性同士で成り立つ会話だ。私は「けっこう」とその場を後にした。そしたらついてきた。そして「会いたい」だと。無視したら「仕事できないようにしてやる」だと。

「ほしい」は弱みになる

何かがほしい人間は、その〝何か〟が弱みになる。

弱みは隙をつくる。そこに、また違った欲望のある人が嗅覚で隙を見つけて入り込む。ある時は恋人の顔をして。またある時は怪しげなスポンサーとなって。〝何か〟をもらったら、必ず相手はこちらの〝何か〟を要求する。

何も要求しない応援者。そういう応援者は偶然出会えるものではない。ちゃんとした身元保証人というか、「この子をよろしく」と、「あの人物には甘えてよろしい」といった、それこそ〝眼識〟のある先輩の仲介や紹介がある。

一般社会でもそうではないのか。年配者が身元保証人となって後輩を実力者に頼むのは、あることのように思うが。私もまた、そういう先輩から「あなたには、応援だけして何も要求しない本当の応援者を紹介してあげる」と、昔からそういう応援者がいてくれる。昨日今日出会ったばかりの人からの〝応援〟に飛びつく理由も、すがる事情も、ない。

そういう隙のある人間はなにも経済的困窮者ばかりではない。

成功者であってもその人の心にある欠損やコンプレックスなりが、その穴埋めを求め続けるなら、〝何か〟がほしい人なのではなく、〝もっと〟ほしい人、になる。

仕事も。結婚も。家も。子どもも。人脈も。権力も。地位も。お金も。そうなるとウワバミのような欲望の塊になる。あの一億円はもらったのだ、いや、貸したにすぎない、という芸能人と一般人の醜聞や、あの五〇〇〇万は一時借りたのだ、いや力を利用しようとした、などの政治資金スキャンダルから見えるもめ事は、〝ほしい人〟と、その隙に入りこむ別の〝ほしい人〟の出会いから始まる。

貪欲は悪で無欲が善と言う気はない。〝もっと〟が強い人ほど出世もしている。ただ、〝もっと〟と欲張る限り、怪しげな人間がつけ入る隙が増える。私がストーカーと出会ったのは〝ほしい〟人と、〝奢りたい〟人の集まりに顔を出したから。

〝宴席に出席した〟ことが、その理由だ。

「ストーカーに狙われない最も有効な方法」（福島章『ストーカーの心理学』）として福島章氏は「箱入り娘」と「箱入り主婦」をあげている。つまりは「女性は、結婚しても共働きやパートで外へ出ることが多いので、ストーカーの目につくチャンスが高い」し、「人口の流動性が増大し、学業や仕事のために地方から都会に出てきて、アパート、マンション、寮などで単身生活を送ることが多くなった。」（同書）ことがストーカー被害を増大させるという。だが現代の私たちの暮らしはその解説に時代性を感じるほどもっと自由で無防備で、かつ、家族と同居しても被害に遭う。

宴席のみならず、街での出会いがすでに危険。合コンやネットでの出会いなど〝ほしい〟人同士の集まりも。「箱入り娘」と「箱入り主婦」が非現実的であるように、眼識を磨き、いち早く危険を察知し逃げることが護身の基本だ。

「ほしいものがある」ことが弱みになり危険を招き入れることを見てきた私は、自分の手に入るものと入らないものを引き受けて生きようと思う。ほしがらないことも護身。〝人脈がある〟ことを批判しないが、多さより質だ。質が〝安全〟と繋がる。

〝たくさん持つ〟より〝屹立する〟ほうが安全ということだ。

4 男たちが動き出した

女性団体とのネットワーク

私は女性団体を頼った。救済活動にあたり女性団体が持つ警察とのネットワークがあるはずだと思った。しかし活発に活動する強い女性団体は少ない。

二〇一三年のストーカー規制法の改正で被害者の支援先に「婦人相談所を加える」という項目ができた。だがその内情は脆弱だ。

「相談先も保護してくれるシェルターもほとんどないのが現状」(小早川明子『「ストーカー」は

何を考えているか』）だそうだ。

全国の女性団体は逆風の時代を懸命に活動している。〝女性救済〟が組織ベースにある以上、正義感の強い女性がそこにいるはずだった。私は警察本部よりも上の立場の警察から下の警察に指示をしてもらえないかと願い出た。女を舐めるタイプの男は自分より強い男には驚くほど弱い。そういう意味では女性に卑劣な犯罪を犯しながら警察官には「ひいいい」と言う犯人も、私の悲鳴を鼻で笑った刑事が上官に従う縦社会も、私には一緒だ。刑事全員がそうではないが、たまたま当たりが悪く、悲鳴を鼻で笑う刑事が担当刑事になったら、もうその警察署は助けてくれないと判断したほうが早い。それも数々のストーカー経験から得た。それはやってみるとすぐわかる。

「実際、私の相談者が警察署に被害届や警告申出書を出しに行くと、県警、警察署、担当者によってずいぶんと異なる対応を受けて帰ってきます。警告が出ない場合は、被害者はどこにも救いを求めることができません」（同書）

私は女性団体に救いを求めた。

私はジェンダー教育を受ける機会があり、全国各地に女性団体があることを知っていたから。国連の女子差別撤廃条約に日本が締結した一九八五年以降、国内法でも男女共同参画社会基本法ができた。その流れの中でいち早く私の母校の大学が女性学を導入したと新聞で読み再度大学に行って受けた教育だ。当時、学生を広く対象にした一般教養の位置づけだった学問が、今は選択される学問になり、常勤教授ではなく非常勤講師になった。東京都ではジェンダーと名のつく講演や書籍に向かい風が出始め、なんとなく全国的に男女共同参画の勢いは弱体化しているのを肌で感じる。国連から日本は女性学をもっと導入せよとか、もっと女性の社会進出を努力せよとか、指示はくるが遅々として進まない。女性学（フェミニズム社会学・ジェンダー論ともいう）は国語算数の並びで早々に学ぶべき課目だと私は思うが、大学で、それも選ばれた大学でしか学べない特別な学問になった。

それどころか、あるタイプの人々にとっては忌まわしい思想と歪曲され、反発が強い。私が「警察がダメなら女性団体」へ行ったのはその存在を〝知った〟からで、知る機会を持たない女性は「何度も何度も警察に行ったのに」とそこで止まってしまう。また、ジェンダー教育を受けたから、男女の力関係がいかに暴力と結びつくかを学んでいる。そこに力を誇りたい男性がいたら、走って逃げることが将来の護身に繋がることを、その教育を受けなかったばかりに、その男性と一瞬でも交際してしまう。力は頼りがいや強さや守ってくれそうというプラスイメージを発しているから、それが魅力に映る。それを魅力ととるか将来の危険ととるかの感性の違いの根っこに、ジェンダー教育がある。本当の金持ちがそれを慎重に隠すように、本当に強い男性は初対面でそれをアピールする必要がない。見え方と強さは別物だ。その判断を狂わす目の前のベールがジェンダーだというのに、こんな大切な護身の基本教育をまず多くの女性たちが受けていない。ジェンダーを学んだからといって護身ができるというジェンダー万能論ではない。知っていても被害に私自身が遭っているのだから。ただ、なぜ殺されずにこられたか、のベースの一角に、ジェンダーの視点があったことは記しておきたい。つまり、いち早く逃げることができたのである。

強引に来る男性に、つい付き合ってしまうのと、「俺、強い」と発する気配だけで警戒してかかるのと、その未来は変わる。

一般の女性なら、警察がだめなら次は弁護士を頼るだろう。弁護士はどんな助言をするのか。ストーカー規制法成立以降の助言を見てみよう。

まず、私が受けていたのは「面会、交際等の強要（3号）」で、ストーカー規制法による「つきまとい等」にあたる。その場合、「警察本部長等から「さらに繰り返してつきまとい等の行為をしてはならない」という内容の警告を発してもらうことができます。」（『弁護士に聞きたい！ ストーカー・DVの問題Q&A』馬場・澤田法律事務所、中央経済社）。

「できます」と、弁護士が書く。すでに警察に行き、警告を発してもらえなかった女性がその後にこの本に出会うとどう思うだろう。警告をしてもらえることもある。と、書くほうが親切ではないか。そんなことおかまいなしに、助言は前へと進む。

「警告を求めるためには、認め印を持参して最寄りの警察署などに相談に行き、「警告申出書」を提出します。「警告申出書」には①申出をするあなたの住所、氏名、②つきまとい等をした者の住所、氏名、人相、体格、特徴、服装、③つきまとい等の行為の態様（どのようなつきまとい等の行為を受けているか)、④つきまとい等の目的と思われる事項(加害者がどのような人で、どのようなきっかけでつきまとい等の行為をすることになったのか、ストーカーは何を求めているのかを記載することになります)、⑤その他参考事項を記載します」(同書)

私の今回の場合、ストーカー規制法ができた後だったが、弁護士のいう冒頭の「最寄りの警察署などに相談に行き、」の、「行き、」で、すでに撃沈した。弁護士は「警察本部長等から警告を発してもらうことができます」と規制法2条1項を後ろ盾に助言しているが、その警察本部から追い返された。〝認め印〟に至っては本気か? と正直思う。

「殺される!」

「認め印は?」

……ギャグか。

厄介な「ヤクザ未満」

一般の女性たちは次に、どんな応援者に頼るのだろう。

夫か。父親か。ごく一般の男性たちがどれほどのネットワークや社会的力を持つだろう。

私の場合、女性団体の働きかけで警察署の刑事課が動きだしてくれた。その日から、暴力団担当の二人の刑事が私の担当になった。事務所には屈強すぎる刑事たちが駆け付けてくれた。私のスタッフたちがストーカーより、屈強すぎる刑事の恐さに怯えていた、という報告を聞いて、私はようやく少し息がつけた。

これは二〇一三年一〇月二五日に米田壯長官が警察庁方針として、ストーカー事案には警察署だけで対応せず警察本部の捜査一課や暴力団対策の部隊の投入を指示するずっと前の時代の出来事だったことをここに記しておきたい。女性団体がそのネットワークで刑事課への橋渡しをしてくれた。ただそこに、〝ストーカー規制法〟があるだけではいかに無力だったか。

私のガードはボーッと立つだけの警備員ではなく、銃を持つ刑事に変わった。これで喫緊の不吉な予感には対処できた。あとの気がかりは、私が警察本部に渡してしまった芸能界の先輩たちの命運だった。それはストーカーが暴力団員かどうかにかかっていた。

警察署で刑事からその男の情報を聞いた。刑事は言った。

「あの男は我々刑事にとって、一番、厄介な男や……」

「やっぱり」と思った。

警察がその男の情報をすでに掴んでいたことがショックだった。それは前科を意味している。前科があってもちゃんと更生している人もいる。だが刑事の表情からはそうではない男であることがうかがえた。

「またか……」と自分の不運を嘆いた。

「どんな男ですか」

「過去、あっちこっちで悪いことをしている男」と、さくっと刑事は言った。

「またか……」と気落ちした。

刑事が意図的に軽い表現をする時には、過去、「鼻くそみたいな男や」と刑事が表現した男が、つまりは弱者へは凶悪に、強者には従順に、その結果前科がついたことを「鼻くそ」と呼んだのと同じトーンだった。

「あっちこっちで悪いこと」という表現の軽さは、同種の男ということだった。


「厄介とはどういう意味ですか」

「ぎりぎり、ヤクザ未満や……」

〝ヤクザ未満〟初めて聞く言葉だ。

刑事は続けた。

「かといって、まっとうな一般人でもない。暴力団員ならまだやりようがあるんや。それなら男がどの組かすぐわかる。次はその男の所属する組事務所に言えば、その男に対し組の上層部が動く。組もつまらんことで警察に睨まれたくないからな。だが、この男、どこの組にも所属していない。ヤクザみたいなことやっているのにヤクザじゃないというヤクザぎりぎり未満のやつがわれわれにとって最も厄介な層なんや」

これが後、二〇一四年八月にＮＨＫスペシャルで放送される。暴対法後に行き場のなくなった元ヤクザが組に禁止されていた犯罪行為に、組員でないからこそ逆に自由に手を染められるようになって犯罪が深刻化したという、暴対法後に浮き上がってきた新たな問題として取り上げられることになる。

ヤクザが怖いのではない。ヤクザ未満のほうが厄介という刑事の言葉は、番組を見てその問題の深さを知った。ならまだ、ヤクザのほうがよかった、というロジックになる。

サイコパス系の危険性

第2章でもとり上げた、精神医学者・福島章氏によるストーカーの精神病理の分類を、再度見ると、以下のように分類される（『ストーカーの心理学』より）。

1、精神病系
2、パラノイド系
3、ボーダーライン系（境界人格障害）
4、ナルシスト系（自己愛性人格障害）
5、サイコパス系（反社会的人格障害）

この中のひとつ、「サイコパス系（反社会的人格障害）」の特徴として、「このタイプの特徴は、女性関係以外でも犯罪行為などの前科前歴があり、職業は無職か暴力団関係者が多い。（中略）彼らは、相手の感情にはむしろ無関心で、自分の欲望や感情を一方的かつ強引に相手に押しつけようとする人々である」（同書）。

専門家によりすでに暴力団系ストーカーは分類項目に記載済みだ。芸能界と暴力団員ではない。私が不運なのでもない。ストーカーというものが、前歴前科、無職、暴力団員、として一項目すでにセットになっており、芸能人に対するストーカーが多い結果、サイコパス系が高い確率でついてくる、という仕組みだ。だから、ストーカー対策に暴力団対策の刑事が必要なのはとっくの昔から自明のことだったのだ。

「こういったアウトローのような、社会の落ちこぼれのような、犯罪者のような者と恋愛関係やその真似ごとのようなものに入り、その結果相手がストーカーになった場合は、事態はそう甘くない。怖いことに、凶悪犯罪に至るストーカーはだいたいがこのパターンである」（荒木創造『ストーカーの心理』）

荒んだ空気を漂わせる男がストーカーになった場合、その瞬間、全力疾走が必要だ。

全力疾走しても、ストーカーになった。

「組での怖い上層部がおらん、こういう抑えの効かんやつが最も何をしよるかわからんのや。だから……」

うなだれる私をなだめるように刑事たちは言った。

「今できることは、すでに電話での脅迫は成立しているから、告訴するか？」

まだ加害行為に出ていないから何もできない、と私を追い返した本部の刑事と、電話の脅迫が成立していると促す刑事。同じ事案でも行く警察署と刑事によってこれほど違う。

「告訴します」

「では、その電話を取った秘書に告訴をしてもらうことになる」

「ええっ……。脅迫の相手は私ですよ。秘書が脅迫されたんじゃない」

「でも、その電話を聞いたのが秘書やから、秘書が訴えるという仕組みなんや」

がっくりうなだれた。

闘う意思のある女性などそうそういるものではない。告訴状に自分の名前が載るだけで怯える女性が普通だ。

現金を積み上げ、母に「ヤクザをとるか警察をとるか」と決断を迫ったあの瞬間がフラッシュバックした。家族はまだ私への愛情が告訴を選択させた。それでも報復に怯え続ける生活を負わせることになった。母が震えながら告訴状にサインする姿を私は生涯忘れない。

そんな重荷を秘書が背負うか。〝秘書〟という職業選択は闘いと遠い性格がそれを選ばせるのではないのか。闘いを拒絶した私の家族の〝専業主婦〟たちがそうだったように。

五〇〇人を超えるストーキング加害者と関わってきたというカウンセラーの小早川明子氏は、被害者が告訴しない大きな理由に「報復を恐れる心理」があるという。そして「逮捕されてもすぐに戻ってくるという無力感」(『「ストーカー」は何を考えているか』)も。

平成二五年のストーカー事案の認知件数は二万一〇八九件あるにもかかわらず、検挙件数はたった一八八九件（平成二六年三月二〇日警察庁による）だ。その差の一万九二〇〇件は何を意味するのだろう。

担当刑事の裁量で助けられた

秘書の告訴の提案はその場で私が断念した。

「警告をしていただけませんか」

刑事に頼んだ。

「わかった。じゃあ、そうしよか」

すんなりと刑事たちは引き受けてくれた。認め印はいらない。まだストーカー規制法に刑事課が組み込まれる以前の時代だった。刑事課がストーカー対策の一員でないからこそ、私の想いを汲みとり「そうしよか」とその裁量で警告してくれる刑事に出会えた。

ストーカー規制法ができる前も、規制法に刑事課が投入される前も、私は法律に先がけて担当刑事たちの裁量によって逮捕や警告をしてもらえた。法律や警察に助けてもらったのではない。いつも法律の一歩先を行く犯罪で、いつも私を助けてくれたのは、刑事、だった。

それ以降、男から脅迫電話があるたびに、それが担当刑事たちに直結する形になった。男が

「俺と会え」と電話するたび、直後に暴力団対応刑事から「なんやとコラ」という返事が行くようになった。

徹底して私は刑事を頼った。それが何年か続いた。あきらめない男も男だが、刑事もまた「まだ電話あんのか。またか」とあきれながら「なんやとコラ」を何年も繰り返してくれた。

この件が「解決」したのかどうかは、わからない。ただ言えることは今後も、電話があったら返事をするのは刑事、というシステムが確立した。このシステムを確立するのには時間と労力とネットワークとあきらめなさと知恵が必要だった。心ある刑事に出会えるまで私は東奔西走した。「何度も何度も警察に行ったのに」という無念の声には、「あっちこっちに行ってほしい。心ある刑事に出会えるまで生きている間に暴れてほしい」と伝えたい。相手がヤクザ未満であっても、すでに私の担当刑事は暴対法の刑事。舐めるやつにはもう一つ上の〝力〟しか抑止力がないのを私は知っている。「その行為はストーカー規制法違反です」と告げる警官は私にはいらない。「舐めたら殺すぞコラ」級のドスの効いた刑事しか守れないものがこの社会にはある。

絶滅危惧種の刑事

ある年、大阪の、警察署での取調室で刑事の対応を被疑者が録音したものがニュースで流れた。

取り調べで刑事が言う「殴るぞお前！　なめとったらあかんぞ、こら！」などの恫喝が問題視され、密室での取り調べがもたらす冤罪の温床と批判された。弁護士会が刑事を糾弾した。リビングに突然流れる取調室の臨場感ある恫喝の罵声は、リビングには刑事の〝お仕事〟ではなく〝とんでもない暴力〟というインパクトとして生々しく届いた。この刑事は告訴された。特別公務員暴行陵虐罪等告訴事件というおどろおどろしい名目で。世間も弁護士たちもこの刑事を批判した。

その後、その刑事はどうなったのだろうか、と、ずっと気になっていた。

私が吐く「けっこうです」では舐められ、脅迫までされた。「なめとったら殺すぞコラ」が現実、実際、護身になることを見てきた。「なんやとコラ」級のドスの効いた刑事の警告で、ようやく被害が収束した。私がストーカーに殺されずにすんだ理由があるとするならば、その時代その時代の刑事たちがそれぞれ、今でいう暴行陵虐、職権乱用をしてくれたからこそで、「冤罪になる可能性」を避け、社会に批判されない正しい警察を生きる刑事は「警告したらこっちが訴えられる」と私の悲鳴のほうに蓋をした。もちろん冤罪はいけない。だがそれを大義名分に、恫喝する刑事だけをボコボコにする社会は正しいのか。被害者視点はどこにいったのだ。被害者にとっては恫喝「してくれた」だ。

私の調べでは、その録音テープを流した人物は後に逮捕されている。そこまでメディアは後追い放送しているのか。恫喝して批判された刑事は「とても能力のある腕利き」の刑事だという証言もある。自分が告訴されるかされないかギリギリのラインで被疑者と勝負してきた結果、「能力ある腕利き」という証言がでるのは驚くことでもなく、そのラインを超えたから自分が告発された。安全を取るなら、ギリギリまで勝負するような働き方をしないことだ。つまり、被疑者を追い詰めず、被害者のほうをハッハと笑って追い返し我が身を守る刑事のような働き方が正しいことになる。

加害者側に立つと、刑事の恫喝は冤罪根絶のために速やかに禁止すべき暴力だ。

被害者側に立つと、刑事の恫喝はそこで被害をくい止めてくれた感謝すべき心意気。

こちらを舐めてくる相手には、それが家族や仕事をもたない、福島章氏のいう〝素性の良くないストーカーだった場合、〝力〟しか抑止力がなかった。警察署に駆け込む機会が少ない人たちが恫喝を批判する。何度も被害者として駆け込んでみるとわかる。「助けて」と言った時、恫喝してくれる刑事がどれほど有難く貴重で少数派であることか。刑事が被害者の訴えを信じ、警察のルールを超えてまで目前の被害者を救った。私が命がけで守ろうとした命は、刑事たちにとってもまた命がけのものだったのだ。そんな刑事をこの社会は絶滅させようとしている。

そのくせストーカー殺人がなくならない、と、別の口では嘆いてみせる。もし恫喝刑事を絶滅させたら、永遠にストーカー殺人なんかなくならない。

恫喝は冤罪を生みかねない紙一重のものだ。だが、恫喝がストーカー被害を早めに救うのも事実なのである。

第4章 生還するために

1　そもそも、ストーカー被害を〝防止〟できるか

安心・安全社会への疑問

私は極力、宴席には出席しないようにしている。芸能界はその眩さに憧れるどこの誰かわからない人物が、日頃奢っている芸能人の関係を頼りに混ざりこめる隙がある。

男が暴力団員でなかったことは、刑事には「厄介」でも私には朗報だった。芸能界の先輩たちに迷惑をかけずに済んだ。

「現在の日本社会は「安心安全」などという偽善的な掛け声の下、任侠やらヤクザと呼ばれる存在を徹底的に排除し」(『現代思想』二〇一三年一二月号、青木理「この社会にもう残侠伝は生まれない」)てきた。

仮に排除できたとして、そこに相当しない、ぎりぎりヤクザ未満、が登場し出した。安心な社会なんて可能なのだろうか。道ですれ違うだけで男がストーカーになったのだ。芸能人のみに起きることではない。

福島章氏はいう、「パラノイド系と見られるストーカーからは、平凡で無名の人も被害を受

けることが多い。しかし、有名人（芸能人や政治家）や、社会的な地位の高い職業（医師、神父、エグゼクティブなど）についている人々は、よりこのタイプのストーカーの被害を受けやすい」（『ストーカーの心理学』）

平凡で無名の人も被害を受けるなら、パラノイド系を排除したら「安心安全」は手に入るのか。

「どのような社会だろうが一定程度のアウトローは生まれ（中略）、さまざまな背後事情を抱えて社会に生起する「異物」を「排除」するという発想そのものが気持ち悪く思われて仕方ない」（『現代思想』）

仕事なし、家族なし、預金なし、関わる社会そのものがなし、の男が昔ストーカーになった。男を逮捕し刑務所に入れて私の日常から〝排除〟した。あの時点では家族と身を守るためにした。だが社会のありようとしてすっきりしない疑問が残る。

「寂しい。喋りたい。癒されたい。恋したい」という、人間の欲望の、たったひとつも手にできなかった男。凶悪犯の手下になることで〝擬似的〟に力の快楽を味わえただろう。だがしょせん擬似。出所したら自分には何もない。再び力の欲望を満たすには、弱者を支配すればいい。そして私の老親を脅迫し住居侵入し、また刑務所に隔離された。

暴力団は排除できても、ヤクザ未満は排除できない。何も持たない男も排除できない。妄想以外は正常なパラノイド系も正常がゆえに排除できない。「安心安全のための排除」というのなら、排除すべき枠は格段に広がる。

泥棒に入られたら警備員が駆け付ける「安全産業」もどうか。被害に遭わない「安全」を買ったのに「遭ったら」という仮定で「安全」を売る図式は、「被害に遭ったら逮捕」の警察と似ている。

「安心して暮らしたい」願望は安全産業の矛盾に気づかず、人間の「排除」で安全を得た気にさせる。刑務所に排除してもやがて出てくる。法的に排除したら潜伏する。

〝安全〟はないことを認めたらどうか。

「予防」「防止」「相談」って？

「予防」と「被害」の中間に位置する領域。ここが警察では「相談」となっている窓口だ。相談した結果、「警告」は平成二五年で二四五二件だが、「警察本部長等の援助申出受理件数」は同年で六七七〇件と多い。〝援助〟ってなんだ。

それは「被害防止措置の教示、被害防止交渉に必要な事項の連絡、行為者の氏名及び連絡先の教示、被害防止交渉に関する助言、被害防止活動を行う民間組織の紹介、被害防止交渉場所として警察施設の利用、被害防止に資する物品の教示又は貸出、警告等を実施した旨の書面の交付、その他被害防止のために適切な措置」（平成二六年三月二〇日、警察庁）。〝教示〟〝助言〟〝紹介〟〝防止〟という言葉が並ぶ。つまり、教え、助言し、他を紹介し、自分で身を守れ、だ。具体的にはこういうシーンになる。

「助けて」と警察に言った時に、助けてと言った人に証拠のとり方を教え、身の守り方を助言し、防犯ブザーなどを貸し出す。相談に行ったら「防止策」を教えてくれる。

まず予防。予防できなかったら相談。相談したら防止策。それでも防止できず被害が出たら告訴&逮捕、という流れだ。予防とは、私のように「宴席には極力出席しない」ということ。防止は、すでに危険を察知した私が、「ブザーを持つ」こと。

だが実際は「予防」も「防止」も効果なく個人の限界を超えて「危険だ」と感じたから警察に駆け込むのではないか。なのに相談したら「防止」に後戻りする。

おかしくないか。

「まずは防止。それでもダメなら証拠を持って告訴できるよう警察に来なさい」といった助言は、「もう自分では守れない、殺される予感があるから来た」相談者と会話そのものが成立しない。

「殺される！」

「では防犯ブザーを」

……ギャグか。

「排除」は可能か？

「警告を」という私に、「こっちが名誉毀損で訴えられる」という警察の会話のズレも、ここにある。「被害→逮捕」という発想に縛られると、被害前は「何もない」状況になり、「殺される」と言っても「まだ殺されていない」といったロジックになる。

「排除」しようとするから「暴力団」に固定し、ヤクザ未満は「一般人」へと四捨五入される。一般人だから生活安全課が対応してきた。でも実際は凶悪。「排除」がもたらす危険な落とし穴だ。いったいなぜこんなことになったのか。排除の発想を明治時代から振り返ってみよう。


明治七年三月、創設されたばかりの警視庁は命令を出した。

「徘徊する精神障害者を捕らえようとした警察権力」は精神障害者を「福祉的な保護や医療の対象になったわけではない。あくまで治安のために、警察権力が社会から排除しようとしたのだ」（芹沢一也『狂気と犯罪――なぜ日本は世界一の精神病国家になったのか』講談社プラスアルファ新書）

殺人や放火をする者、としての処遇には問題があることを明治三九年にも「呉秀三という日本に精神医学を確立した人物」（同書）が訴えていた。すでに一〇〇年前から日本の社会は何をもって治安とするかの問題、矛盾、課題に直面していたことになる。

排除は解決か。人権擁護派vs.社会防衛派の議論が今日でも続く。例えるなら、人権擁護派は、刑事の恫喝は排除すべき暴力vs.社会防衛派（私）は、恫喝はある場合において必要だという議論。

人権擁護派は、精神障害者を犯罪者扱いするなvs.社会防衛派は、暴力団や危険な精神病は排除せよという議論。

排除の枠をどこまで広げるのかの問題を歴史的にもひも解くと、暴力団どころか乞食や精神障害者も排除の対象だった。明治初頭には浮浪者や乞食、貧民たちもその対象になっていた。今でいう、無職、家族なし、預金なし、の現代社会ではどこにでもいる人たちが、一〇〇年前はそれを理由に治安のために排除された。

「好き」だから「殺す」という狂気と、精神病は何が違うのか。福島章氏は「精神病系」（『ストーカーの心理学』）としてストーカーを一項目に分類している。

狂気と正常は線引きができるのか。狂気と正常はひとりの人間の中に共存しないか。どういう状況下において狂気が勝ち、あるいは理性が勝つのか。それを事前に判別できるか。まして排除ができるか。なら、妄想以外は正常のパラノイド系は〝正常〟だがストーカーの分類項目に入っている。これはどう扱う？　暴力団員のストーカーはサイコパス系だがヤクザ未満は〝一般人〟とされ暴対法で取り締まれなかった。これはどう扱う？

「ストーカーになる人を判別できるか」において「残念ながら、最初からストーカーを見分けるのは非常にむずかしいのだ。ほとんど不可能と言っていいだろう」(荒木創造『ストーカーの心理』)。

排除という発想は、それが精神病院であれ、刑務所であれ、法的にであれ、「ストーカー被害に遭わない」安全とは別モノだ。安全のために何を排除するかは時代で変わってきた。〝ストーカー〟のような新しい時代の概念では、何が殺されない方法かもわかっていない。明治時代から始まる歴史の上に成り立った警察組織のありように、ひとりの女性が立ち向かうのが、ストーカー被害、だと書いておきたい。

2 ストーカー規制法の助言を頼りにしすぎない

「ストーカー事件」というときの意識のズレ

犠牲者を出さない——そのことだけを目的に、私は本書を書いている。

その軸となるストーカー規制法を改めて見てみよう。

警視庁によると「この法律の規制の対象となるのは「つきまとい等」「ストーカー行為」の

二つです」とあり、「以下の8つの行為を「つきまとい等」と規定し、規制しています」とある。

ア つきまとい・待ち伏せ・押しかけ
イ 監視していると告げる行為
ウ 面会・交際の要求
エ 乱暴な言葉
オ 無言電話、連続した電話、ファクシミリ、電子メール
カ 汚物などの送付
キ 名誉を傷つける
ク 性的しゅう恥心の侵害

「ストーカー行為とは、同一の者に対し「つきまとい等」を繰り返して行うことを「ストーカー行為」と規定して」とある。

私がした経験は、ア、ウ、エ、オ、の四つ、他に「住居侵入」が加わる。父への「傷害」私への「脅迫」も入れると多くを網羅している。

ニュースになったケースを見ても、ひとことで「ストーカー殺人」と表現するが、その内容は刑法・特別法レベルが混在した結果の「殺人」になる。だから正確に言うと、「ストーカー規制法違反と、刑法・特別法違反の事件」というのが正しい表現だ。これをひとことで〝スト

ーカー事件〟というから随所で意識のズレが生じるのだ。

ズレの結果どうなるか。

警視庁による「つきまとい等」への助言や教示のいくつかを紹介しよう。

私が経験した「面会・交際の要求」への「防犯の心構え」として「■はっきりと拒否の姿勢を示す。■警察や信頼できる人に相談する」とある。

感想を正直に言おう。

「したっちゅーねん」

「拒否」は、火に油

「こっちに来たら刺すぞ」と包丁で男に「はっきりと拒否の姿勢を示」した。また、好意を寄せてくる相手には「けっこう！」とはっきり「拒否」した。

しかし、どちらもストーカー行為が増した。この助言は少なくとも私には役立たなかった。相手がストーカー行為をおこなっている段階で、その前提となる「こちらを舐めている」という理解が抜け落ちるとこういう助言になる。どういう女性を好きになるかという段階で、本人が意識しようがしまいが、すでに「舐めている」ことが多いという認識を私たちは持ったほうがいい。「守ってあげたい」や「可愛い」という意識は、「支配したい」願望のコインの裏表で、「支配したい」には「俺の強さを俺が実感したい」願望もセットになっている。

例えば桶川事件での次のような会話が起きる（以下、録音テープからの抜粋）。

泣きながら別れて下さいと哀願する詩織さんに、男が大声でわめいたり怒鳴ったりして言った言葉。


「ふざけんな、絶対別れない」

「家族を地獄に落としてやる」

「お前は風俗で働くんだ」（清水潔『桶川ストーカー殺人事件』）

または、

「俺のところに戻ってこい」

「無理だよ。父さんにも話したし」

と女性は明確に拒否。そして後日、

「自宅周辺に詩織さんを誹謗中傷するビラが大量に貼られていた」（同書）

「可愛い」と思われてしまった相手を「拒否」することは、「支配したい」気持ちを奮い立たせても、火消しにはならない。そもそも明確な「拒否」で「そうですか」と引き下がってくれる人物はストーカーとはいわない。

「ストーカー規制法に抵触する動機」が、「好意の感情」と「好意が満たされず怨恨の感情」

に分かれるのも当然だ。根っこは同じなのだから。舐めているから好きになり、舐めた相手から拒絶されたから憎悪が生まれる。「この女、舐めやがって」と。恨む前に、自分が女を舐めた自覚は彼らにはない。男＝強さ（これもジェンダーといいます）の幻想が、女性の「ノー」がノー以上の意味を持たせてしまうという視点が欠けると、「明確な拒否」が効果があるように錯覚させる。

福島章氏のストーカー分類による「ナルシスト系（自己愛性人格障害）」は「相手を獲得するほど自分が有能でも魅力的でもないことを思い知らされることで、その事実を思い知らされた相手に怒りを感じる」（『ストーカーの心理学』）から、〝はっきりと拒否の姿勢〟は、ナルシスト系には逆上や火に油の副作用も考慮に入れたほうがいい。ナルシスト系の定義を見てみると、「自己中心的で、自信、自負心が強く、自分の有能性と万能感にだけ縋って生きているような人」で、「他人の感情や存在には無関心」で「いつも自分が賞賛され、自分が大勢の人の関心の中心で、ちやほやと大事にされ大切にされないと不機嫌になる」（同書）。

そんな男性は人格障害でもなんでもなく周りを見ればフツーにいる。ガキみたいなオッサンが。

「女性側が明確にノーを言えず、ストーカー被害を増長させることが多い」といった専門家の意見を見ることがあるが、明確な拒絶がもたらす身の危険を身体的に知っているから言わない、もしくは、「有能性と万能感にだけ縋って」いる人をそっとしておくほうが安全だから言わないにすぎない。

助言が間違っているのだ。「女性が明確に拒否しない」と思うから、「明確に拒否」を助言してしまうミスをおかす。「相手の気持ちに鈍い」男性に対し、「勘違いするな」と助言すべきだ。助言する相手も、その内容も、間違っている。

「舐められない」は命がけ

高級クラブで、奢ろうとする代議士に対し「殺すぞコラ」「私は怪しい者ではない」「お前が誰か知ったことか」といった先輩芸能人のエピソードを前章で紹介したが、どちらが〝人格障害〟と読者はお思いか。

「自己愛性パーソナリティ障害とは、自分は優れていてすばらしく、特別な存在でなければならないという肥大した自己意識を持つパーソナリティ障害の一類型である。〝偉大な自分にふさわしい華々しい成功を夢想する〟、〝他者に対して過度に尊大な態度を取る〟、〝特別扱いを求める〟、〝相手の気持ちに無頓着になりがち〟などの特徴がみられ、こうした欲求が満たされないと過剰なまでの怒りを抱く点が特徴である」(福井裕輝『ストーカー病』)

だとすると、知らない人間に奢ろうとする行為、また、「自分は怪しい者ではない」というものの言いよう。それは〝他者に対して過度に尊大な態度を取る〟にあたり、それを「舐められた」と感じる男性芸能人に対して〝相手の気持ちに無頓着になりがち〟にあたり、〝過剰なまでの怒り〟を封印し我が身を守るためには「殺すぞコラ」レベルの威嚇が必要だった。そう読むと、「殺すぞコラ」と発言する芸能人が人格障害に一見映るが、実は代議士のほうがそれに近い。

代議士という職業選択もまた、〝偉大な自分にふさわしい華々しい成功〟にあてはめると、この代議士は福井裕輝氏のいう自己愛性パーソナリティ障害のすべての要因に当てはまる。男性芸能人は明確にノーを言ったにすぎない。

なにが言いたいかというと、専門家のいう人格障害と分類される項目の定義を見る限り、私にとっては〝どこにでもいる男性〟だということ。日常に空気のように「舐める」「舐められる」関係性があり、それに気づくか気づかず暮らせているかの違いにすぎない。

男性同士でも、「舐められない」ために「殺すぞコラ」があるなら、「舐められない」ことは男女問わず常に命がけなのだなぁ、と思う。恫喝レベルの明確な拒否でようやく相手は逆上せず引き下がる。ならば、女性が言う「刺すぞ」がなんぼの効果があったかは過去紹介した通りの結末だ。

私が刑事の恫喝が必要だという背景には、男性芸人さんの「なめとったら殺すぞコラ」の効果と同じだ。刑事の恫喝を告発する社会で、その替わりに防止用の防犯ブザーを渡す法律ができる。

……本気か。

警察に駆け込むほどのストーカー被害は、もはや明確な拒否など通用しないレベルのものだ。明確な拒否が殺意のスイッチを入れかねない。

警察に駆け込む女性の現実と、警視庁の出す助言にはズレがある。「明確な拒否」というけれど、「殺されそうになったら、〝殺さないで〟と明確に拒否の姿勢を示しましょう」と文章を作ってみたら、そのズレ方がわかるだろう。

警視庁の「警察や信頼できる人に相談する」も同様。そもそも「信頼できる人」と「頼りになる人」は別だ。信頼している兄でも男にペコペコされれば手が出せなかった。信頼できるスタッフでも相手が「二度としません」と言えば簡単に許した。「信頼」と「守れるかどうか」は別だ。信頼する家族と一緒に警察に相談に行ったにもかかわらず殺害された数々のケースをどう説明するのか。信頼できる人は心配はしてくれるが万能ではない。信頼関係があっても恐怖心を共有できるとも限らない。

「防犯」なんか役に立たない

二〇一三年五月、岡山県倉敷市で女性が左胸を刺された事件。

「この日、警察官が女性を自宅まで送り届け、周辺に監視を10人ほど置いて様子を見守っていた。ところが犯人は、監視の目をかいくぐり、女性宅に侵入し、女性が帰宅したところを襲ったのである。警察の対応に落ち度はなかったとされている」(福井裕輝『ストーカー病』)

一〇人の監視がいてもだめだった。「警察や信頼できる人」の限界を表わす事件だ。

「防犯の心構え」についてだが、「監視していると告げる行為」には、「■ドアや窓の鍵は頑丈なものを設置し、二重ロックにする」や「■出入りの時に周囲を確認する。■厚手のカーテン等により、部屋の内部が見えないようにする」他。

「つきまとい・待ち伏せ・押しかけ」には「■夜間の一人歩きはできるだけ避け、明るく人通りの多い道を歩く」他。

これらについても、私は疑問がある。まだストーカー規制法ができる前からある疑問だ。

被害を受けている側が、生活を厳しく規制するしかないのか。一般常識として「二重ロック」「夜はカーテン」「夜間一人の外出は危ない」レベルの防犯意識に異論はない。だが「相談」に行くレベルではすでに被害を受けている段階で、これ以上深刻にならないための「相談」だ。

高齢の親に「鍵をかけて」という助言同様、なぜ、被害を受けている側が、自ら鍵で地域交流を遮断し孤立せねばならないかという、安全の代償の大きさ。

結局、老親は「自由」と「恐怖」の両方を選んだ。自由の代償に恐怖があり、恐怖が嫌なら自由を捨てろ、という発想を防犯と片づけていいのか。

長崎県西海市では二〇一一年一二月に、ストーカー被害を訴えていた女性の「母と祖母」が殺害されている（朝日新聞デジタル、二〇一三年六月四日）。

それが高齢弱者の場合、「鍵」も「一一〇番通報」も、助言そのものが現実的ではない。

仮に「防犯」のために、私は「宴席を遠ざける」ことはできても、「道を歩かない。外に出ない」は現実的ではない。被害者側の自主規制には限界がある。犯人はそこを狙う。一般社会でも「一目惚れ」という名の出会いがしらの恋はある。その日から頭がその人のことで一杯になりもしストーカーになったら、カーテンを閉め、外出そのものをしない、ということを「防犯」というのか。

警視庁が総じて結論として書いている「防犯」は、「警察に相談する」だ。

また感想を言おう。

「したっちゅーねん」

3　ズレはどこからくるのか

たった一五人の人のためにこそ

どうやら、「ストーカー」という言葉の持つイメージが、専門家によって大きく異なる。

「私が扱う案件の半分は女性ストーカーで、警察庁の統計（男性が八割）とは大きく異なります。男性側があまり警察に届け出ようとしないだけで、実際には、ストーキングをする女性は多いのです」（小早川明子『「ストーカー」は何を考えているか』）

そうだろう。私も二〇代、付き合った男性に反省を強要して車に監禁もした。小早川氏も自身のストーカー経験を語っている。

「大学1年の時、初めてつきあった彼氏にふられて執拗につきまとった。思春期に母を失い、愛情に飢えていたのだろう。彼の存在が大きくなりすぎて、彼なしでは生きていけないと思い込んだ。戻ってきてほしいと追えば追うほど、戻らないことに気づいていた。それでも、やめられなかった。苦しかった」（朝日新聞、二〇一四年六月七日「フロントランナー」）

だが、私も小早川氏も男を殺していない。

男性が届け出ないのは、身体的危険レベルではないからではないのか。対して女性の届け出は、もはや危険水域を超えたと女性が判断したからで、実際起きてしまった被害件数を勘案すると、「女性ストーカーも多い」ことの主張の重要性が私にはわからない。

女性ストーカーも男性にとってはうっとうしいだろう。仕事に影響も出ただろう。身体を壊した人もいただろう。だが私の執筆動機は、最悪を避けることのみに尽きる。

小早川氏のもとにカウンセリングに行くストーカーを、「ストーキングしながら、頭の中では相手の健康を気づかっていることも珍しくありません。ストーカーの多くは、元交際相手か元配偶者を追い求めるという「破婚型」ストーカーで、私のところでは全体の八割を占めます」（小早川、同書）とある。

警告された男性を警官たちが取り囲み怒鳴りつけたことについては、「威嚇は抑制にはつながっても、回復には寄与しません。繰り返しますが、ほとんどのストーカーは殺人はしません」（同書）とある。

回復は回復。抑制は抑制。混ぜて喋るとややこしい。加害者側にたつか、被害者側にたつかで提案も異なる。

私が本書で伝えたいことは、殺されない、こと。ひとえにこの一点を、被害者側に向けて発信している。小早川氏は加害者の「回復」を経て被害を出さないようにしている。「ほとんどのストーカーは殺人はしません」と書き、「警察の統計資料で見るとストーカー全体の約１・９％。昔から一定数いますがごく一部です」（朝日新聞、同）と発言する。

警察庁の統計では平成二五年度のストーカー事案の殺人（未遂を含む）は「一五人」だ。二万一〇八九人の中の一五人。確かに「ごく一部」。

殺人はしない、と誰に向かって発信しているのか。威嚇した警官にか、悩める加害者にか。「殺される」と駆け込む被害者にも「ごく一部です」と言えるのか。誰を安心させようとしているのか。

私は「殺されるな」と声高に叫び、小早川氏は「ごく一部です」を繰り返す。私は「女性ストーカーも多い」論には関心がなく、そりゃそうだろう、だって私もそうだった、だから？……くらいか。小早川氏は「ストーキングをする女性は多い」と主張する立場。「ストーカー」の印象の捉え方は同じ女性でもこれほど違う。結果、処方箋も違う。思うにカウンセリングは漢方。私のは手術。ガンと似て、良性（素性のよいストーカー）から悪性まである。悪性だと判断したら早期治療。その時行く病院が警察で、医師が使うメスが刑事の威嚇であり恫喝。「どう殺すか」で頭が一杯の人間は末期症状といえ、即、大がかりな手術が命を守るために必要だ。

私はストーカー被害のたった一五人の人のために本書を書いたことになる。が、その中の一人の女性が小早川氏の相談者だった。殺害された。

小早川氏の「私は心臓を摑まれたようなショックを受けました」「私自身の力不足でしょう」「『何度でも逮捕をお願いすべきだ』と言う以外、私は何も具体的な手を打てませんでした」「殺人事件を防げる可能性があった最終段階での私の対応力不足、視野狭窄」「歯ぎしりせずには思い出せません」（小早川明子『「ストーカー」は何を考えているか』）という言葉を見ると、たった一五人、されど一五人、と私は思う。他人でもこれほど無念なのだ。ならば本人は？家族は？

一五人と計算してはいけない。その人を大切に思う人たちが無念を抱え、「なぜ助けられなかったか」と自責感情から抜け出せない。そんな人たちを多産する。

警察庁「ストーカー行為等の規制等の在り方に関する有識者検討会」の参加者「逗子事件御遺族」の発言は、その想いなしに読めるものではない。

殺害は一五人ではない。一人殺されたら周りの大勢の人の心が死ぬ。だから一人たりとて殺されてはいけない。その考えに至ったのは、私自身の両親の看取り経験にある。

両親共に高齢で天寿を全うして逝った、と他人は言う。だが、そこにある子としての自責の念、医療に対する慚愧の思いは何十年経とうが消えない。歳月は傷を癒さない。忙しさで忘れるだけで傷を見たら生傷のままだ。高齢者が逝くのでもこのザマだ。そんな時にいつも思う。

「大往生でこれなら、殺されたり、自殺されたりした家族の心情はいかばかりか……」

「ストーカー」について、小早川氏の三分類は使い勝手のいい分類だと思うので紹介したい。

① リスク（可能性） 別れても「やり直したい」など 当事者間

② デインジャー（危険性） 切迫したメール、待ち伏せなど 第三者の介入

③ ポイズン（有毒性） 脅迫的メール、住居侵入など 警察力

（同書）

私のターゲットは③ポイズンのみ。数的にいうと一五人予備軍。問題を共有し対話し犯罪防止に尽力する小早川氏の相談者は、私には素性の良いストーカーだ。

相手の健康を気づかう「破婚型」ストーカーが全体の八割なら、素性の良いストーカーがカウンセリングの八割だ。私にとっては素性の良いストーカーはストーカーとは言わず、〝ファン〟という。

警視庁の助言も、ストーカー被害に遭わないための助言も、小早川氏の主張も、私が感じるズレは、どうやら「誰を指してストーカーというのか」の大元にズレがある。

答えは「慣れる」

待ち伏せ、続く手紙、終わらないメール、誹謗中傷、監視、それらは芸能界ではごくごく普通の日常で、私固有の出来事でもない。秘書から、「今日も誹謗中傷のファックスが来まし

た」「捨てといて」「はい」レベルといおうか。ネット上しかり。認知度は、純粋な応援や好意もいただくが、反発や中傷もセットでついてくる。

だが、それらにまだ慣れない一般の人がそれを体験する衝撃もわかる。そこにつきまといも入ると恐怖心が増すだろうから、カウンセラーなど第三者の役割も必要だろうし、加害者側と「一緒に解決の道を探そうとする「対話」」(同書) に効果も期待したい。だが、数えていられない人数が自分に関わってきたら？ その人たちが強引に関係を望んだら？ 命の危険がいつも身近にあったら？

「対話」による「解決」の図式そのものが成立しない。そして職場にはそういう立場の人ばかりだとしたら？ 人間って不思議なことに、みながそうで、みなが同じ嫌な体験をしていたら、「そういう職業」として受容できる生き物のようだ。少なくとも私はそうだ。私の友だちもそうだ。職業として続けられるのだから当然、いい事も嬉しい事もセットである。


ある芸能人と食事をしていた。テーブルに置いてある携帯が鳴り続ける。

「出なくていいの？」

「いいの」

「なぜ？ 何回も鳴ってるよ」

「ファンだから。今日だけじゃないよ、ほら」

着信履歴を見ると、一日数十本の電話が毎日続いている。

「私が電話に出ないと、違う人の名を騙って、私の行きつけの店、すべてに電話するの」

「ひぇ」

「そうまでして、私を捕まえたいんだね」

そう軽く言って、何も気にせず食事を続ける。

「なんで携帯教えたの。最初からそういうタイプだってわからなかった？」

「わからないわよ。普通にやってきて最初はいい人なんだもん」


このケースは一〇〇％、ストーカーだが、私たちにとっては珍しくないタイプの、ファン、だ。そのファンは、今度は芸能人の友人である私に連絡を取ってきた。さりげなく必死で情報を聞き出そうとしているのがわかる。あの手この手で好きな人と喋ろうとあがく。

これが一人なら第三者の助けを求めたかもしれない。だが、こういう人だらけだったら？

答えは……、「慣れる」だ。

最悪だけを避けるために

ある芸能人の女友達は、

「マンションの契約書は？」

「見つからないの」

「なぜ？　そんな大事なものを」

「たぶん、元カレが、俺に無断で勝手にマンション契約した、と私の部屋でいろんな書面をビリビリに破いたから、その中に入っていたんだと思う」

「あーあ」

くらいか。なんらかの「好き」にまつわる迷惑行為は日常に組み込まれている。騒がないし驚かない。

福島章氏によると「男をストーキングに駆り立てる動機の一つは、《自立した》《強い女性》に対する、《依存的》で《弱い》男たちの未練と執念である」（『ストーカーの心理学』）のだそうだから、自分の経済力でマンション契約したら、男は怒るのだ。私も自分の経済力で薄型テレビを購入した時、男が不機嫌になったことがある。女性の自立だけで男性に怒りの感情が湧くのもジェンダーという。テレビを買ってもマンションを買っても、怒る。
①のリスクも、②のデインジャーも、私の経験からすると、慣れることは可能だ。唯一、避けなければいけないのは、③のポイズンだ。
大事なのは、「殺されないこと」。

大胆な発言をお許しいただきたい。語弊が生じるのを承知で提案したい。

①のリスクと②のデインジャーを、一般の人たちも我々芸能人のように、〝慣れて〟はもらえないだろうか。「芸能界だから」という言葉を、「時代だから」という日本語に変えて。

もちろん気を抜いてはいけない。不用意な写真や映像は、どんなに親しくても撮らないし撮らせない。そんな日常スタイルにも慣れる。過剰に怯えず恐れず萎縮せず病まず。そして気を抜かず。

そうまでしてでも、私は③のポイズン、殺されることだけを集中して避けてほしい。

一般の人がネットにより個人情報が流れ好意と悪意を引き受ける。もう一般の人と芸能人の境界線が明確ではない時代になったと認識している。

芸能界で私が体得し、伝授された方法を書く。

最悪だけを避けるための前もっての生き方も書く。どのポイントは見逃してもいいが、どのポイントだけは見逃してはいけない危険かの、嗅覚と眼識を育ててほしい。

つまり、生きていただけないだろうか。

4　まず、誰も助けてはくれないと知ろう

弁護士の意見も役立たず

弁護士の意見をみてみる。

ストーカー規制法により警察から警告を出してもらうには、「『つきまとい等』により、申し出た人が身体の安全、住居等の平穏もしくは名誉毀損が害され、または行動の自由が著しく害される不安を覚えていることが必要です」（馬場・澤田法律事務所『弁護士に聞きたい！ ストーカー・DVの問題Q&A』中央経済社、二〇一四年）とある。

主語を〝芸能人は〟と書いてしまうと、芸能人すべてがそうであるとも言い切れないだろうから、〝私は〟という主語にする。

私は右の条件に常に「不安を覚えている」が、それに、慣れた。住居も引越しは余儀なくされるし、名誉毀損などとっくの昔からだし、人が集まる場所には出かけない。何が起こるかわからず危険だからだ。でもそれを別に気に病んではいない。

慣れた。

「ストーカーに対する初期対応」としてあるのが、以下だ。

① 最初にきっぱり拒絶する。

② 相手にしない（無視する）。

③　人に相談するなど被害を公にする。
④　証拠物・証拠書類や記録を残す。
⑤　住所を変える。
⑥　警察、行政機関、弁護士に相談する。（同書）

私は、これら六つすべてをやってみたが、少なくとも私にはどれも効果がなかった。初期でも「きっぱり拒絶」や「無視」が相手をより執着させたし、被害を公にしたところで心配しかできないし、騒ぐ私のほうを黙らせようとさせるものだし、引っ越しもしたし、警察も頼った。「初期対応」というが「初期」くらいでは人は動かなかった。

女性たちが恐れる仕返し、報復に関しては「仕返しをされるかどうかも事案ごとに全くわかりませんが、釈放された後に仕返しを絶対にされないとはいい切れません」（同書）とある。弁護士らしい回答だ。つまり「わからん。断言できず、一概に言えず、責任も持てない」ということ。これで誰が「告訴」へ背中を押されるだろう。

カウンセラーの小早川氏は「保釈後については法制度上いかんともしがたく、ストーカーとの闘いは一生続くという覚悟を持ってもらうしかない」（『「ストーカー」は何を考えているか』）という。

もう絶望ではないか。報復を恐れる私に、ベテラン刑事がいった言葉をもう一度書いておきたい。

「あの男はすでに刑務所を経験している。……僕は、仕返しはないと思うで」

〝その刑事の〟経験と勘を私は信じることにしたのだ。言葉には血が通っていた。だから信じようと思えた。責任回避的な「報復が絶対ないとは言い切れません」とか「一生続く覚悟をせよ」とは私は言わない。報復を恐れるもっともっと手前でできることがある。

社会はあなたを守ってはくれない

事件になったケースを書籍等で読み解くとわかるが、「告訴」するだけでも大変な作業で、警察の積極的な協力なしではなかなかできるものではない。そこで出会う〝血の通った〟刑事を見つけ出すのも至難の業だ。いろんなタイプの刑事が警察にいる。

殺されてから「警察が動いてくれなかった」と責めても遅い。裁判中も何年間も辛い。「警察が動かない」場合「動いてくれる刑事」を意地でも見つけてほしい。そういう刑事魂のようなものを持ち続けている刑事に、私は最終的にはいつも出会えたのだから。必ずいる。どこかにいる。

報復に関しての助言。

「少しでも身の危険を感じるときには、警察に連絡をしておき、自宅の周囲を警戒してもらうよう依頼しておきましょう。緊急に保護してもらいたいときには110番通報をすると110番出動記録に残り、後の証拠に役立てることもできます」（同書）

これは一一〇番を信じすぎる。周りに誰もいない一瞬、を狙ってストーカーはやって来る。その一瞬に一一〇番をする時間はない。報復という強い動機の相手なら、パトカーの巡回が去ってからくる。もしくはすでに室内にいる。一一〇番出動記録が後の証拠というが、何の後かが書いていない。傷害か。殺害か。

緊急保護ならもう③ポイズンレベル。〝証拠〟云々より、命と直結する時期だ。

警察も弁護士もカウンセラーも、ストーカー被害防止に警察へ相談、とある。あるいは法律を前提に告訴の準備をするための助言が並ぶ。それらを見て、私は、この社会に通底する性善説を感じてならない。平和ボケといおうか。この社会は警察も法律も弁護士もみなが正しく健全に効果的に機能していることを前提に、助言が並ぶ。

忘れてはいけないのは、彼らも人間だということ。やる気のある刑事もいればそうでない刑事もいる。法律にはいつも抜け穴がある。弁護士も能力の差が極端にある。

これら助言を信じて被害者が動き、最初に感じるのは、信じていた社会構成が、自分がイメージしていたほど「自分を守るようにはできていないじゃないか」ということだろう。

それを被害者になってではなく、今、この時点で、知っていてほしい。

社会は、あなたが思っているほど、あなたを守るようにはできていない。ストーカーが常に法律の先をいくなら、法律も永遠に未完成だ。

男一〇〇人も、屈強な兄さえも

仮に、女性の周りを男性一〇〇人が囲っている真っただ中なら、女性は守られるか。

私の答えはそれでも、ノー、だ。

私が高校生の頃。友達の女子学生は痴漢に「触らないでください」と言ったら電車を降りる時、まるめた雑誌で頭を思いっきり殴られた。ニュースでは痴漢行為を電車内で指摘した女性が、その男に帰り道に暴行された。「舐めている」から「触る」ので本能でもなんでもない。それが自分の会社の社長令嬢なら、その男は「守る」側に回っただろう。舐めている相手には「触らないでください」という敬語の拒絶も「触ったら殺すぞ」も、すでに舐められた側が言う限りにおいて抑止力はないと思った。学生の私は違う方法を考えた。

私は私を「舐めた」男に全車両の男性たちから注目を浴びさせようと思った。私を取り囲む車両中の、痴漢をしない良識ある男性たちに守ってもらおうと叫んだ。

「みなさーん！ 私の後ろにいる男が今、私のお尻を触ってまーす。みなさーん。私の真後ろにいる男でーす。こら。何を触っとんじゃ。触るな！ みなさーん。ここに痴漢がいまーす。

私の真後ろでーす。痴漢でーす。痴漢でーす。痴漢でーす」を、次の駅に着くまで大声で叫び続けた。一〇代の女子には勇気がいった。「注意」程度では反撃される。だから反撃意欲が挫け、痴漢が私から逃げたくなるようにした。皆がきょろきょろする中、痴漢だけが新聞で顔を隠した。それくらい気の弱い「ひいいい」系の男が「舐めた」相手に卑劣にでる。

だが私の衝撃は、痴漢されたことより、誰も守ってくれなかったことだ。

圧倒的に男性ビジネスマンが多く乗っている車内で、女子高生が叫び続けても、誰も痴漢を捕まえるとか、「大丈夫ですか」と私に声をかけるとか、何等かの行動に出てくれはしなかった。叫び続けた私を一瞥し、次の用事へと動く。「世間は私を守らない」と、その時知った。

ストーカー被害者への各専門家の助言にある「きっぱり拒絶」をできない女性が少なからずいるというのは、「きっぱり拒絶」したらストーカーどころか痴漢レベルでも報復されることを体得してきたからではないのか。「きっぱり拒絶」しなかったから今まで殴られずに生きてこられた。

「周りに相談」というが、車両中のビジネスマンに「助けて」と叫んでどうだったか。性善説を前提とした助言は、お人よしにも程がある。信じたほうがバカを見る。

この社会の見え方、感じ方は共通ではない。ある種類の人たちには「安心で快適な街」だし、そういう人には恐怖そのものが、ない。恐怖を叫ぶ女性のほうを「治療」しようとしたり、

「変な女」と片づけたりしたくなるものだ。

実際、兄たちが勢ぞろいする場で、「私は今、こんな大変な目に遭っている」と助けを求めたことがあるが、兄たちは笑いながら、酒を飲みながらこう言った。

「お前に睨まれた男のほうに、俺たちは同情するよ」

「お前は辛抱というのを覚えろ」

だが、私が「ルビーの指輪買って」と言ったら買ってくれる。「可愛い妹」だからだ。

可愛くても、守らない。

「信頼できる人に相談」しても、守られない。

「警察に相談」しても、守られない。

予防のための行政警察という成り立ち

幕末から明治時代までの変遷で、警察という組織がいかに成立したのだろう。

「警察の役割を大きくふたつに分けるなら、刑事犯罪の捜査と犯人の逮捕を主な義務とする「司法警察」と、望ましい社会秩序をつくり出す担い手となる「行政警察」ということになる」（芹沢一也『狂気と犯罪』）

前者の、被害があったら捜査し逮捕、という流れを疑問視する人はいないだろう。問いたいのは、社会秩序を担う行政警察だ。そこが時代の変化をモロに受ける。

「行政警察の特徴は治安のための「予防」にある」（同書）

明治七年に東京警視庁ができた。そこからの措置で日本は行政警察中心の近代化を遂げた。明治から始まる新しい時代の犯罪をどう予防するか、から始まり、ストーカー犯罪をどう予防できるか、まで。そこをクリアするために行政警察はいつも時代と追いかけっこしている。予防しすぎても危険な社会だし予防しきれなければ被害者がでる。いったい誰を予防するか、何をもって予防とするかで課題も残された。

「予防」という名の精神障害者の社会からの排除を問い、「なぜ日本は世界一の精神病国家になったのか」を芹沢氏は書く。精神障害者の排除の役目をその時代、警察が行った。

現代。暴力団排除の対象に引っかからないヤクザ未満の男は、排除の限界を示すし、「見るからに病理性をにおわせる特徴的な顔」の男を精神病者だったと仮定しよう。「予防」のために警察が「排除」するなら明治時代に逆戻りだ。つまり、排除の発想はそもそも無理があるのではないか。


二〇一二年の逗子事件では、「梨絵さんが「もう戻ることはない」と伝えると、小堤は「目の前で痙攣しはじめ、涎を垂らして目が虚ろに。家族に電話して連れ帰ってもらいました」が、その一週間後、「お前だけが幸せになるのは許さない」という内容の長いメールが届きました」（『「ストーカー」は何を考えているか』）という。

これは約一カ月後に「ある病院の閉鎖病棟に二〜三週間入院しました」（同書）と続くが、事件は避けられなかった。

ならば被害者側が安全のために自ら社会的隔離を選択し身を潜めよ、というのも主客転倒だ。歴史的経緯で「予防」を主とする行政警察が誕生したとはいえ、司法警察の発想は強固にある。だから刑事と会話していてもずっとすれ違いが生じた。

「何かあれば逮捕する」「何かあってからでは遅いんだ」「何もないから逮捕できない」「ここに被害がある」「法律では被害とは言わない」という堂々巡り。これはどれほど法律が追加されても、その一歩先の犯罪を前にしては同じ会話が待ち受けるだろう。

法律は時代の後についてくる。犯人はいつも法律の先を行く。

警察・弁護士・法律を頼るもっと手前に、自分でできることはないか。報復を恐れる手前、告訴を迷うもっと手前にできることがある。

5　予防のため、ストーカーのリスクを避けるために

桶川ストーカー殺人事件に即して

まずは、「深刻なポイズン」（小早川明子）を対象にしない。まだ初期のリスクが対象。我々芸能界でいう一部のあるタイプの〝ファン〟の早期発見だ。ポイズンレベルに行かないためにこの段階で警戒したほうがいい、ごく一部のあるタイプの人たちだ。

細かい取材に基づき書籍化され、日本ジャーナリスト会議大賞を受賞した『桶川ストーカー殺人事件』（清水潔）からの引用で、どこで早期発見できる可能性があったのかを私なりに検証したい。これはあくまで具体例として取り上げさせてもらった。死者に鞭打つつもりも、ご遺族のお気持ちを逆なでするつもりも毛頭ないことをご理解いただき読み進めていただければありがたい。取材に基づく具体的詳細があったほうが事件を身近なものとして捉えていただけるのではないかと思い、参照した。

リスク①　出会い

まず〝出会い〟。

一月六日。二人は「大宮駅の東口のゲームセンターで声をかけられ」、「カラオケボックスで唄って、帰りには携帯電話の番号を交換した。どこにでもありそうな、そんな出会い」とある。

まず、ゲーセン↓カラオケ↓携帯電話、というのは危険だ。ゲーセンに限らずネットでの出会いも含め、どこの誰かわからない人との出会いはある。芸能人は街に出れば、どこの誰かわからない人たちに声をかけていただく。だが、その人がどれだけ感じのいい人でも、強引でも、そのまま合流することはしないし、携帯も教えない。HPにメールが来て「ぜひお会いしたい」と言われても会うことはない。

〝どこの誰かわからない〟人に時間と電話番号を渡す危険を知ってほしい。自分をどこの誰かわからない人間だ、とわきまえている人物ならそもそも、〝このままご一緒に〟とは誘わない。

以降、私が芸能界で学んだ助言を並べさせてほしい。

私からの助言①――わからない相手のお誘いには乗らない。

リスク② 肩書

次に〝肩書〟。

出会ってすぐ「名刺を渡し、車の販売をしている二十三歳の青年実業家と自己紹介した。詩織さんはそれをそのまま信用した」とある。

芸能界にいると数えきれないほどの〝青年実業家〟と称する、どこか危なげなタイプの男性と出会う。桶川事件では「羽賀研二と松田優作を足して二で割ったような顔かな」という証言があり、著者は「どう転んでも関わりたくないタイプの人間というのは確かにいる。触れるものすべてを不幸にしてしまうようなタイプの人間が」とまで語る。

芸能人だとそういう個性は強烈な魅力を発揮する。だが付き合うかどうかは別だ。そもそもモデルや芸能人たちが集まる場に参加し、自らを〝青年実業家〟と名乗る男性を私は警戒してほしい。青年が起業し社員の生活を守るための地味で地道な世界があることを知ってほしい。

詩織さんは一般の女性だったが、「きれいで、魅力的で、明るく、社交的で、小松和人が求めていて手に入れることのできなかった女性そのもの」（荒木創造『ストーカーの心理』）という表記がある。〝憧れ〟に近づく自称〝青年実業家〟には、その対象が芸能人であれ一般人であれ〝虚栄心〟や〝コンプレックス〟など面倒くさいネガティブな動機が、〝恋〟の根っこでスイッチを入れることが少なくない。

一見かっこよく見える、いや、見せる、男性には慎重になってほしい。

私からの助言②——かっこいい肩書は警戒信号。

リスク③ 交際の仕方

次に交際中。

出会って以降「二カ月ほどは、二人の付き合いは横浜にドライブに行ったり、ディズニーランドに遊びに行ったりというごく普通のものだった。詩織さんの女性の友人を含む三人で沖縄旅行に行ったりもした」。

二カ月の間に横浜、千葉、沖縄と、旅行込みで遊んでいる。これは短期間で緊密に距離を縮めすぎると私は感じた。頻度、というのは大切な見分けのポイントだ。私自身もまた、あまりに誘われるし断ってばかりだしという方と、一度ご一緒すると帰りに言われるよくある言葉がある。

「次はいつ?」

「今日、会ったやん」というこちらの事情や都合に想像を働かせないタイプであることがうかがえるし、急激接近したい何かがあるならそれもひとつのシグナルだ。

昨日会って食事したばかりなのに、翌日また「今夜どう?」と誘われることもある。相手にはいろんな人との付き合いがあり、仕事もあり、また、ひとりの時間も必要、という相手の事情を顧慮しない段階でそういうタイプには警戒してほしい。適宜に長く交際できる、結果、数年間その人物をゆっくり観察できる、自分の要求をこちらに強いないということは、恋にヒートアップしないかもしれないが、ストーカーにもヒートアップすることを避けられる。そんなの恋とは言わない、という方もいるだろうが、それが現代での身を守る恋の仕方だと提案したい。

仮に頑張ってお付き合いしても、疲れたからちょっと、と距離を置くと「つれなくした」と相手を怒らせてしまい「じゃあ、あの頑張ったお付き合いはしないほうが憎まれずに済んだ」という結末もある。

想像力がある人は「忙しいだろうから」と、あえて連絡を避けてくれる。「会いたい」と思ってくれているだろうに、連絡をしてこない人こそ、付き合ってもいい安全基準かと思う。「会いたい」「会いたい」という人ほど、会わないことを勧めたい。

私からの助言③――しょっちゅう会いたがる人と、会わないほうがいい。

リスク④　人前での態度

次に、一緒にいる時のありようについて。

「妙にリアクションの大きい男で、例えばレストランに詩織さんが食べているものをちょっとこぼしただけで、小松はトイレにすっ飛んでいき「大丈夫！　大丈夫！」と大声で言いながらペーパータオルを持って来て拭いてくれるのだという。何事もオーバーリアクション気味なのだ。それを優しさだと詩織さんは感じたのかもしれない」とある。

「かもしれない」だから実際詩織さんがどう感じたかはわからないが、憧れの女性と同席すると舞い上がるのは普通のことだと思う。それが過剰に〝尽くす俺〟になったり、過剰に〝この女性にこんな態度を取れる俺〟という風に現れたりもする。

見逃さないでほしいポイントは、他人の視線がある場でどう相手が変化するか、だ。ひれ伏そうが、尽くそうが、威風堂々としようが、小馬鹿にしようが、暴言を吐こうが、それらはすべて〝見られている自分〟がそれをさせていると思ってほしい。なぜなら、他人の視線がなければ普通に良識的な人だったりするから。〝好き〟の間は派手に尽くし、〝憎悪〟がでてきたら罵倒する、というのは、私の職業ではめずらしい経験ではない。

「見栄えのする相手を選びながら、自分にはないものを持っていることに日々劣等感が刺激されて傷つく。好きだけれど憎い、という当人も予想外の心理に陥ってしまう。半年ぐらいも経つと次第に、暴言を吐く、物に当たる、人前でバカにする、勝手にメールを見る、社交を制限する、親の悪口を言う、常に優位に立ちたがる、馬鹿にされるのを極端に嫌う、猜疑心が強く何でも人のせいにする、ほめていないと機嫌が悪くなる、機嫌が悪くなると物にあたる、といったことが顕われてきます」（小早川明子『「ストーカー」は何を考えているか』）

私自身もまた、右のほぼすべてを経験している。相手と自分との関係性を、常に、他者の目線で俯瞰して眺めていると、〝こんなに尽くす俺〟が立派に映ったり、〝これほど上から目線でモノが言える俺〟を他者の目線に向かってアピールし、精神のバランスを取ろうとする。

二人だと「俺を捨てないでくれ」と言う男性が、カウンターの店で皆に聞こえるように「こんな馬鹿女が、賢そうにテレビで発言してるんですわ」と言ったことがある。わかりやすい劣等感と虚栄のセットだ。

あるいは、二人だと「あなたが好き」という女性が、店だと「この人は生涯売れないタレントよ」とウェイターに言う。

一度、同業の友人に聞いてみた。

「二人だと優しく普通なのに、店とか、他の人がいる前だと私を馬鹿にしたり偉そうにしたり否定したりする。男女限らず見られる光景。こういう経験って私だけ？」

すると友人はひとことで返事し、それでその会話は終わった。

「そんなの、いつもよ」


桶川事件では「詩織、俺のことが好きか?」と言う男性が、「ふざけんな、俺を放って置いて犬と遊んでんのか、お前の犬も殺してやるぞ」になる。〝好き〟と〝憎悪〟のセットは特別な例とは私は思わない。

社会的地位がある男性でも、その男性の思う「見栄えのする相手」(小早川)を選んで「日々劣等感が刺激され」るのなら、すでにコンプレックスのある男性が「見栄えのする相手」を選び「劣等感が刺激」された時の豹変は早かろう。

「半年ぐらいも経つと次第に、暴言を吐く、」（小早川）とあるが、桶川事件の場合、「小松が突然変貌したのは三月二十日頃だった」そうだ。出会って三カ月弱だ。

私からの助言④――人前で態度が変わるのを見逃さない。

リスク⑤ プレゼントの値段

次に、プレゼントについて。

「ルイ・ヴィトンのバッグや高級スーツをプレゼントされるようになり」とある。後には「ピンクの文字盤のロレックス」や、「車を一台あげようか、」にまでなる。

〝好き〟系プレゼントには気を付けたほうがいい。高価すぎるプレゼントは〝好き〟の過剰さの証明でもあり、〝好き〟が過剰になれば過剰な〝憎悪〟もセットでついてくることを忘れないでいていただきたい。

「そのうち小松和人と男たちは５００万円という金を要求して、詩織さんの家を訪れるようになった」（荒木創造『ストーカーの心理』）のだから。

芸能界で〝一億円はもらったもの〟という発言が出てくる背景を想像していただきたい。〝魅了する商売〟がどれほどの〝好意〟と〝憎悪〟を前提としているかは、その後の芸能スキャンダルに変貌することからもうかがえる。

〝私に将来の不安要素はありませんよ〟という意味づけで私の知る同業者同士のプレゼントは意外に質素なものが多い。

誕生日プレゼントでも〝ティーカップ〟一個、とか。頑張ってブランド財布かキーホルダー。これは一般の方も海外土産で購入する。それくらいプレゼントに〝安心〟や〝他意のなさ〟を添えて届けるのが、散々〝好き〟と〝憎悪〟を渡ってきた私の周りの人たちのありようだ。なぜプレゼントをもらう経緯になったのかの状況にもよるが、出会いから振り返り、人を見て、安全かどうか判断して、それくらい慎重にプレゼントを手にしてほしい。

私からの助言⑤――高いプレゼントには何かがある。

リスク⑥　いつ距離を置くか

次に、別れ際について。

「六月一四日だった。ついに詩織さんは小松と別れる決心をつけた」

その後、男たちが女性の家に乗り込み金銭を要求することになる。

「ストーカーが被害者に金を要求し始めるとき」を「とても危険なことを始める一歩手前にいる」（荒木創造『ストーカーの心理』）という。

正直な感想を言うことを許していただきたい。桶川殺人事件については〝別れる決心〟が遅いのが悔やまれる。でもこの眼識は二〇歳の女性に持てというほうが無理だ。危険性について眼識がある人物は、すでに相応の距離を持って接していた。

都内にあるクラブ勤めの女性は、「詩織とのことが解決したら付き合ってほしい、と彼に言われてたんですけど、ちょっと危ない感じを受けていたので、友達の方がいいんじゃないの、と答えたりしてました」。

「交際をはっきりとは拒絶せずに、上手にあしらいながら付き合っていた」

こんな上級者の技が使えるのはクラブ勤めの女性ならでは。一般の二〇歳の女性に上手にあしらう技があろうはずもない。

また被害者の父親は「やさ男で無口でした。でも、わざと大人しいフリをしている感じもしましてね……。目付きが悪くて、一癖あるような危険な感じはしました」。

同じ一般の人でも眼識があれば見抜けた。被害女性のみが、見抜くのがほんのちょっと遅れた。そしたら「十月二十六日、「運命の日」がやってきて」、殺害された。

上手にあしらう技術で生き延びた女性がいる。でも上手にあしらえないのなら付き合わないほうがいい。相手からアプローチされた時、眼識がまだない女性が、どの段階で距離を持てば生存できたのだろう。

……それはたった一個の「あれ?」を見逃さないこと。

その瞬間とにかく早く逃げる、ということ。「あれ?」はプレゼントのみならず、他人の前での態度の変化、しょっちゅう会いたがるなど上記の記載すべてたった一度、一個でもあれば、即、逃げてもらえないだろうか。

メールでもシグナルはある。友人や親しい関係ではない人がどこからかアドレスを捜し出してメールがくることは多い。

「友達でもないのに?」という人からのメールに共通しているのが〝長文〟ということ。あえて私からのシグナルとして返事は二行くらいでおさめる。でもまたくるのは〝長文〟。そしたらもう私は、嫌われるのを覚悟で返事をしないことにしている。互いに思い合う関係なら互いに長文だろうし、互いに単なる友人なら似た短文になる。その温度差が激しい時は、相手は何か熱い感情をこちらに向けているシグナルで、「あれ」と思ったら、メールの文章の長さの違いでもう距離を置いてほしい。

また知人から一〇枚以上の長文の手書きの手紙が来ても、私は「あれ」と思うから非礼を承知で返事を出さないでいる。あるいは単なるお礼の電話をしただけで二時間喋り続ける人がいる。こういうシグナルも見逃さないでほしい。会って別れるなり「次は?」という人も同様。こちらは「はい」と「いいえ」しか喋らないのにずっと延々喋り続ける人も。〝無頓着な人〟と表現すれば罪はないが、相手への想像力の欠如、認めて褒めてほしい自分、みたいな厄介な要素が根っこにちょっとでも臭う〝お喋り〟さんは、すでに善意の解釈を超えている場合がある。自分と相手が共に楽しいか、一方だけが熱くないか、そのバランスを見逃さないでほしい。

一方的で、会話ができない相手に「別れてほしい」は通じないと思っていてほしい。

「俺の言う通り、大人しくいい子にしていればいいんだよ」

「俺と別れる? それはお前の決めることじゃない!」

男性は会話を求めてはいない。そしてそういう人は私の経験でもめずらしくはない。

桶川事件の場合、「あれ?」のチャンスは随所にあり悔しい思いで読み進めた。

「いつもズボンのポケットに札束をそのまま突っ込んでました」

ここで脱兎のごとく逃げてほしかった。ポケットにあるのは金ではなく危険だ。

次に、じゃあ、いったい誰とどう付き合えばいいんだ、という問いが最後に残る。

「普通の市民が、なぜこんな目に遭わねばならないのか?」
清水潔氏はたくさんの「なぜ」を最終章で書き残している。

私からの助言⑥――最初に一度、「あれ?」と思ったら、即距離を置く。

リスク⑦　誰と付き合えばいいのか

こちらが相手を見分ける眼識を持ったところで、相手からターゲットとして狙われたらどうしようもない。ストーカーに狙われやすい女性として各専門家があげているタイプがある。が、不思議なことに私はそれに当てはまらない。また仮に当てはまったところで、犠牲になった側の遺族は「タイプだから仕方がなかった」と、納得しようはずもない。

「芸能人はいわゆるスターストーカーに当たるから」と説明されたところで解決ではない。フェイスブックや動画などネットで顔を出す時代には、芸能人も一般人もその垣根はないと私は思っている。一部地域で人気のある芸能人と全国で人気があるかの違いのみで、一般の人が動画で発信したらもう一部地域で知名度のあるタレントと区別がない。ファンの集いは、ネットの書き込みに姿を変えた。かつてファンレターと脅迫状が同時に届いたようにネットで好意も誹謗中傷も引き受ける時代になった。

清水潔氏の「普通の市民がなぜこんな目に」という〝普通の市民〟の線引きが、私には明確にできない。普通の市民などもういない時代だと思う。普通の市民と芸能人を分ける違いがあるとすれば、困ったタイプの人との出会いを「そんなもんだ」という慣れの有無と、対処法の知恵の蓄積の有無か。また、上記のクラブ勤めの女性の言うように「上手にあしらいながら付き合う」手法の有無か。

私の職業では、いかに相手と距離を持つか、これ以上好かれず、また、憎まれない距離をいかに保つかを学習していく。それはそんなに難しいことではない。

一〇〇％いい人もいないように一〇〇％悪人もいない。そこそこに距離を持ってお付き合いを続けることを勧めたい。入り込みすぎると、いらぬお荷物まで抱えることになり、抱えきれないと後で親切心が憎悪を買うことにもなりかねない。

適度な距離。これができない相手とはお付き合いもしないほうがいい。密接な関係性で安心するタイプの人には孤独な生き方に見えると思うが、あえて、孤独を選んでほしい。緊密さが危険と隣り合わせなら、孤独でも生きていたほうが得だ。誰とも、たまに会う、という事を提案したい。なんせ、〝たまに〟だから、熱すぎる人や急接近したい人、〝たまに〟を待てない人とは自動的にお付き合いの縁は切れる。結果、安定した関係性を継続できる人のみが残る。それが急接近する人を〝危険だ〟と気付かせてくれる素地になる。

危険を嗅ぎ分ける嗅覚は、「何が危険か」を察知できる日常のありようが大事で、それが地道な保身になると思えてならないからだ。

私からの助言⑦——誰とも、たまに会う。

6 デインジャー、そしてポイズン。本当に危険を感じたら

「行動」を見逃さないこと

カウンセラーの小早川明子氏が分類するデインジャーは切迫したメール、待ち伏せ、を指す。ポイズンは脅迫的メール、住居侵入などを指す。

すでに書いたが、私や同業の友達は、ネガティブなメールはすべて無視する。動機は「反応してほしい」ということだから、かまわず食事できるよう慣れる。

「「死んでやる」という小堤のメッセージを聞いた梨絵さんは、直ちに小堤の家族に通知」(『「ストーカー」は何を考えているか』)

これが違いだ。冷たく聞こえるかもしれないが、〝数〟が違う。

「そういう職業だ」という納得が、それを決して心地よく思わないまでも、メールを出す相手

が目的とするほどの影響は被らない。くどいようだが、慣れ、だ。

だが、相手が行動に出たら、ここからが一般の方とわれわれの違いかもしれない。芸能人とひとことで言っても、家族大勢と暮らす年配男性芸能人もいれば、単身で暮らす女性芸能人もいる。ストーカーに狙われやすいのは後者。

デインジャーであれ、ポイズンであれ、見逃さないでほしいのは「行動」だ。

「二〇一四年五月二日、大阪平野区で飲食店女性が刺殺された。二〇一三年八月からの男性客のストーカー行為により同年二月二八日には経営者を交え話し合い、店に来ないようにした。三月一二日に警察署に呼び出し文書による警告をした。しかし、五月二日に女性が自転車での帰宅途中に犠牲になった」（NHKニュースウォッチ9より、二〇一四年五月二日）

一般女性と芸能人女性の違いはこの事件が象徴的な例だと思う。

私たち（私、そして同業でもファンの多い女性たち）は、「行動」を見逃さない。ある女性のマンションの玄関前にファンが立っていたことがあった。たった一度だ。何をしたわけではない。ただ、立った。

その女性は即日引越しをし、次のマンションは他人名義で借り、郵便物も他人名義で受け取るほどの警戒レベルをあげた。たった一度の「行動」で、瞬時に跡形もなく消えた。

また、ある女性は部屋に泥棒に入られ私物を取られた。金品ではなく私物。ファンの仕業だった。このケースもたった一回で即引越しし、消えた。

私の場合はまず、私自身が実家から消えた。そして駐車場から部屋に直通、二四時間有人管理のマンションにした。住居侵入の経験からくる警戒策だ。やがて家族も他界した。

「マドンナ邸には、ステファン・スティラパウワーという男もトラックで突っこんだ。（中略）マドンナは、この呪われた邸を売って転居した」（福島章『ストーカーの心理学』）

マドンナでも引っ越す。

一〇〇通のメールは無視しても、たった一度の「行動」を確認したら即逃げるのがどうやら私たちの、特に決めたルールでもなく自然と会得した護身術だ。いつでも逃げられるよう家を何戸か確保している人もいる。

だが、一般女性にはそうできない理由がある。家族だったり、経済力だったり。マドンナは、マドンナだから豪邸を引っ越せた、という言い方もできる。しかし、この大阪平野区の事件のケースは、まず男性客がストーカー化した八月の時点で女性に店を辞める選択肢はなかったか悔やまれる。警察が警告を出すレベルで、移動手段が〝自転車〟といい〝午前二時〟の移動といい、警戒レベルの低さに、私から見れば、とても驚く。

犠牲者を非難するつもりは毛頭ないことをご理解いただきたい。ただ、女性が警察に行くレベルとは、十分に引っ越すレベルだと思ってほしいのだ。

警察神話とカウンセリング神話

この事件は、二〇一四年には刑事課まで投入したストーカー規制法下で、それでもまだ防げない被害という課題を突き付けた事件だった。

「次は心理療法士」という警察の見解。

心理療法士のプロの方々には失礼を承知でのあくまで私見にすぎないが、カウンセリングは、「リスク」レベルと「デインジャー」レベルには効果を期待できても、すでに「ポイズン」の段階、中でも「殺す」決意にまで達した人への効果はどうだろう（前出、小早川氏の三分類）。ポイズンにまで行くのをもっと手前で回避できる可能性はあるだろうが、その人物がカウンセリングに行かなければ無力だ。弁護士を通じて「カウンセリングに行くよう」促しても、行かなければ、無力だ。「行くよう」義務づけても、行かなければ無力だ。罰則規定を設けても、法律違反をモノともしない加害者には、やはり無力だ。

「次は心理療法士」という警察の見解は、つまり、「はい。警察はここまで」という警察の撤退宣言。

万策尽き果てた。

加害者逮捕までこぎつけたものの、もし不起訴になったらという被害女性の相談に、小早川氏は「以下のアドバイスをしました」とする。

① 検事に起訴してほしいと訴える（被害感情の強いことを伝える）。
② もし不起訴で出てくるなら、検事と警察署長あてに念書を入れさせるように要望する。（中略）これからは接触しないと誓約する。私（筆者）と会いカウンセリングを受けること。
③ 保釈後のことを考えれば、民事訴訟を起こして相手とやりとりをするべき。ガス抜きにはなるし、カウンセリングに導ける可能性がある。
④ 相手の弁護士から連絡があれば、カウンセリングを要求する。

（小早川明子『「ストーカー」は何を考えているか』）

警察が「一一〇番してください」と言ったり、警視庁が「警察に相談を」と助言するのは、私は一一〇番神話で、警察神話、だと思う。同様、「カウンセリングを要求」というのにもまた、カウンセリング神話を感じる。

「被害感情が強い」と訴えようが、「念書」をとろうが「誓約」させようが、逮捕までされたポイズン段階のストーカーの〝行動〟抑制には、私は疑問だ。でも警察が「警察を」、カウンセラーが「カウンセリングを」と言わなくなったら終いで、それを促すのはしごくまっとうなことで、その力を信じられるからこそその職業に就くのだから。

「民事訴訟を起こして相手とやりとりをするべき。ガス抜きにはなるし、」という小早川氏の助言には、精神医学者の福島氏の一文を並べておきたい。

マドンナは「裁判所から「出廷しなければ逮捕する」といわれて証言台に立った。彼女は法廷で「胸がむかつく。私は今彼の目の前に座っている。これこそ彼（ストーカー）が長い間まさに望んでいたことだ」と供述した」（福島章『ストーカーの心理学』）。

ここでも、一般女性かスターか、で、ストーカーの分類は分かれるだろうが、共通しているのは「自分とかかわってほしい」相手に「かかわる」か「否」か、の被害者側の選択だ。マドンナのストーカーは、事件を起こすことでマドンナと「かかわれた」。その高揚が次のストーカー行為の背中を押すことが裁判官にはわからんのか、このボケ、というマドンナの「むかつく」という言葉のほうに、私はとてもよく理解ができる。

これはたくさんのストーカー被害経験がないと理解してもらえないのかもしれない。

早く危険を察知して逃げること

同業の友人が言った。

「あまりにひどい手紙を送りつけた相手がいたので文句を言った。その人物は、怒っている私に対して、喜びを押さえきれない表情で笑顔になる。私は怒っているのに、だよ」

それがファンだ。憧れの人にボロクソの手紙を書いてでも、かかわりたい。嫌いなら見なければいいのに、見る。そしてボロクソに言う。だから私たちのような職業にとっては、「好き」も「嫌い」も「憎悪」も、どんな感情でも紙一重で、執着してくれている、という意味ではストーカーではなく〝ファン〟なのだ。そんな私たちが神経を張るのは「行動」。身体的危険を感じて初めて〝ストーカー〟という言葉をつかう。

警察の分類にはズレがある。警察の定義するストーカー行為は、私たちにはストーカー行為ではない。ファンの追っかけ。これくらいでは警察に行かない。

暴行・傷害など、「刑法・特別法」レベルを感知した時初めて私たちは〝ストーカー〟と言っている。だから私たちが警察に行く時は、よほど危険だということだ。ところがその私たちがようやく使う「助けて！　ストーカー」は、警察には「でもファンでしょ？」となって軽視される逆転現象。警察のいうストーカーは私たちにはファン。私たちのいうストーカーは警察にはファン。誰をもって何を指して〝危険なストーカー〟かが統一されていない。

警察のストーカー対策小冊子に笑顔で相談する女性が登場するあり得なさは、ストーカーが危険かどうかでさえ統一されていないことの証だ。

「ほとんどのストーカーは殺人をしません」という専門家の主張にも、誰に対してかはわからないが、「大丈夫だよ」的メッセージを感じる。そういう類のストーカーを、〝私〟は、ストーカーとは言わない。逗子事件のようなストーカーをこそ危険なストーカーと言い、その被害者が救いを求めて行く場所として、「相手の健康を気づかう」ことがめずらしくないストーカー（〝私〟にはファン）タイプが八割を占めるというカウンセリングに足を運んだ女性の、藁にもすがる救済への道行きを想像すると胸が痛む。

逗子事件にかかわった小早川氏にいたっては、その後殺害された相談者のことを「歯ぎしりせずには思い出せません」と自身が語る以上、私はこれ以上の発言は慎むべきだろう。

逗子ストーカー殺人は、加害者の自殺未遂がからんだり、警察の被害者女性の結婚後の名前の読み上げや、調査会社が加害に絡んだりなど、問題が多すぎる。

そうなるまでのもっともっと手前で逃げられなかったか、ということを伝えたい。一般女性の比較にならないストーカーに遭い、なぜ、殺されることなく我々が生きているか、というところからの助言が必要だと思う所以だ。

皆、早期に嗅覚と眼識で危険を察知して判断しているので、複雑に絡まったケースへの助言がない。助言はひとつ。

私からの助言⑧――たった一度の相手の「行動」ですぐ「逃げろ」。

それも、跡形もなく逃げる。見つかったらまた逃げてほしい。それをずっと続けてほしい。

それが、私たちのフツー、だ。これも、慣れる。

7 それでも避けられなかった危険にどう向かうか

最後の四つの助言

これは結論から並べる。

私からの結論①――あらゆるルールを破る。

危険に対する認識は専門家でも分かれる。

「被害者やその家族には誠に気の毒だが、彼女たちにも、家族にも、いかに本当の危機感がなかったかを物語っているのではないだろうか。日本人全体にストーカーの恐ろしさが分かっていない、という証明でもある」（荒木創造『ストーカーの心理』）という見方もあれば、「繰り返しますが、ほとんどのストーカーは殺人はしません」（小早川明子『「ストーカー」は何を考えているか』）という見方もある。

私は経験から「恐いですよ」と伝えたい。「ほとんどの飛行機は落ちません」。でもたまに落ちる。「ほとんどの人は事故にあったり殺人に遭ったりしません」。でも誰かがニュースで出てくる。

たまに、であっても、事故なんかに遭わないほうがいい。

たまに、でも、殺されないほうがいいに決まってる。

私は〝ほんの一部〟の危機にある人に向けて本書を書いている。

二〇一四年、韓国船のセウォウル号が沈没する時、「そのまま部屋から動かないように」という指示に従った生徒たちが命を落とした。でも助かった人もいた。その、助かった側になんとか入ってほしいのだ。偶然助かった人もいただろうが、指示より自分の直観を信じて「傾いているのに、部屋にじっとしていられるか」と指示を破った人も中にはいたはずだ。

私のいう「ルールを破る」というのは、その後者になってほしいということだ。

桶川事件。

「私刺されるかも」

「いくらなんでもそんなことはないんじゃないかな」（清水潔『桶川ストーカー殺人事件』）

でも実際、刺された。ヤバイと思ったら、ヤバイのだ。かなりヤバイと感じたら、本当にかなりヤバイのだ。友人が、警察が、「そんなことはない」といくら言おうが。

私が最初にストーカー被害に遭った時、男の風体を見て「かなりヤバイ」と感じた。その時、私なりのルールを破った。桶川事件も私もどちらもストーカー規制法が生まれる前で、警察は動きにくい時代だった。

「「警察は動いてくれない」と嘆く詩織さんに、島田さんはこうアドバイスしたという。「このままじゃ殺されると言え、その場に座り込んでも、殺されると言い続けろ」」（同書）と。

私は警察に「では、私が殺します。殺した後で、警察が動かなかったとメディアに発表します」と言って、そこを動かなかった。

「警察は動いてくれない」と嘆いたり励まされたりカウンセリングを受けたりする、その時間を、次の行動へと動いてもらえないだろうか。心のケアはまず命あってこそだと行動を優先してもらえないだろうか。

「パトロールします」には「本気で言ってるのか」。
「一一〇番してください」には「そんなことやってられるか」。
「鍵かけて」には「年寄りにできるか」。

あらゆる警察の、ルールにもとづく助言を私は否定した。今でいう「警察本部長等の援助」など役に立たないと言った。それら光景が〝ストーカー〟という言葉がない時代に、ひとりの刑事が動こうと思ってくれたことに繋がったと理解している。

その後、ストーカー規制法が生まれ、その窓口は生活安全課になった。それが次の時代のルールだった。

ヤクザ未満の男からの生還は、「生活安全課」ではなく「刑事課」に行くというルール破りをした。「力」によって自己肯定感を得るタイプに対抗するにはそれよりもっと強い力しかないと思った。ヤクザ未満であれ、「力崇拝」の雰囲気が私に「ヤバさ」を直観させた。真に力を持つ人物なら、おそらくヤクザであれ大企業の社長であれ、それを隠すのではないだろうか。芸能界でも中途半端なタイプが「私、芸能人」と目立ちたがりがちで、著名であることの危険性を身体で知っていればそれを隠す。
力崇拝のわかりやすい力とは、〝親分〟であり、〝刑事課〟の〝ドスの効いた〟声の刑事。オンナを可愛いと思う感性に、すでに「舐めている」構造がある。「毅然とした拒絶」も「徹底した無視」も、相手がオンナだと逆上しかねない。痴漢でも逆上する。拒絶に効果があるストーカーレベルもあるだろうが、「殺されない」に的を絞るとなんの効果もない。

ストーカー規制法が生まれ、「まず、はっきり「NO」と言った後で、完全に接触を絶つ」(岩下久美子『人はなぜストーカーになるのか』)。

そういう類いのルールを私は信じなかった。

私は「刑事課」の窓口を選んだ。当時から思っていた。ストーカーに「殺されない」ための窓口は「生活安全課」ではない。自分が「刑事課だ」と思えば、「ストーカー被害は生活安全課」というその時代のルールを破ってでも「刑事課」に行ったことが正解だった。

ずっと後、二〇一三年末、刑事課が生活安全課に加わる指示が警察庁から出た。新しいルールがひとつ誕生するためのきっかけに、自分の命を提供してはいけない。だからルールを破る。「最後の無念の一瞬」を分けたものは、私が犯した非常識なルール破りであり、「無念の一瞬」

を結果として迎えてしまったひとつに良識があるのではないのか。善良で良識ある人たちが未完成で不完全なルールを信じて守った。良識は卑劣さに永遠に勝てないというのに。そんな理不尽な社会で幸運にも私たちはたまたま生きているというのに。

私からの結論②——大声で悲鳴をあげ続ける。

家宅侵入のストーカーから、「家族を殺されない」ために、私は悲鳴をあげ〝続けた〟。「傷害くらいなら逮捕してもすぐ出てくる」から、「裁判所の逮捕状」が出るまでの三年間を私は警察に向かって悲鳴をあげ〝続けた〟。前科がある男に「再び刑務所。それも長く」が、家族が殺されずに済んだ結果となった。

殺されないための秘訣のひとつは、「大声で悲鳴をあげ続ける」だ。

それも尋常ではない大声。

「妹さん、怒ったらあんなふうになるんでっか」と刑事たちが唖然とするくらい。

被害者たちの多くは「家族」を頼り、家族は「警察」を頼っている。頼るのは「自分自身」だと思ってもらえないだろうか。「これはマジやばい」と感じたら、〝自分が〟大声を上げ〝続け〟てほしい。

警察本部の刑事課で追い返されても私は叫ぶのをやめなかった。そしたら違う警察署の刑事

後だというのに。

「何かあれば警察に連絡ください」「はい」では命は助からない。何かあってからではもう遅い。月に一度の安否確認の電話も意味がわからない。月に一度の連絡がつかない時は殺された後だというのに。

警察が動かないのを責めるつもりはない。「なぜこうも動かないのか」の歴史的経緯を見てみたら、警察がよく動いた時代の人権侵害の弊害や、また一〇〇年経っても解決しない議論の板挟みになったまま、社会の回答を得られず、動いた刑事個人が糾弾されかねないこう着した警察の姿があった。警察が動きやすい時代も危険だし、動きを封鎖したら別の危険が闊歩する。心ある刑事でも「捕まえたいのに捕まえる方法がない」現実。それが組織となると、いい人もそうでない人も混ざる。それは何も警察に限ったことではない。だから、叫んでほしい。そしたら、「いい人」が、終わらない悲鳴に「何やらただ事ではなさそうだ」と、理解できないままでも（ストーカーという概念がない時代）腰をあげてくれた。動かないのも警察だったが、悲鳴を聞きつけ助けてくれたのも、警察だった。

刑事が本気になるほど叫んでほしい。やはり最後は警察だった。

私からの結論③――勝負の瞬間を逃さない。

つきまとわれ続けて自宅に帰れなかった時代のストーカーの車に、私は車体ごとぶつけた。前後を局員で固めて捕まえようとした時、男が違法運転で逃げた。違法運転だからそのまま逃がすか、ルールに捕らわれず追うかの〝瞬間〟。良識ある局員たちはルールに従い、私は従わなかった。

男の車を追い抜いた時にどうやって男を捕まえるかの〝瞬間〟。「その瞬間」どうするかは自分自身だった。ストーカーvs.自分ひとり、がその時だと思ってほしい。ルールを守って命を落としてしまうくらいなら、ルールにとらわれず守ってほしい命。警察がいても局員がいても「その瞬間」は突然やってくる。「その瞬間」には自分ひとりしかいないと思っていてほしい。逃げるのはもっともっと初期段階でのこと。「その瞬間」は男とか女とかは関係なく動物対動物になる。ストーカーもだが、痴漢行為の時にも思った。相手は瞬時に「俺より強いか弱いか」を察知する。「強い」と感じたら逃げ、「弱い」と感じたら反撃に出る。それは「瞬時」のこちらの出方で決まると学生時代に学んだ。「瞬時」に「大騒ぎ」することで、私は友人たちのように痴漢に反撃されずに通学できたのだと思う。電車がいくら満員でも、痴漢vs.自分ひとり、だったし、男性スタッフ一〇名いても、ストーカーvs.自分ひとり、だった。勝負の瞬間は突然来る。その一瞬をどうか逃さないでほしい。

私からの結論④――命がけで戦う。

新地のクラブで奢ろうとした代議士を怒鳴った伝説の先輩芸人さんが、食事の時に、優しく、諭すように教えてくれた。

「戦う時にはな、死ぬ気で戦わないとあかんで」

それが女の後輩たちに教えることか、と笑いそうになったが本当に私も同意する。男の車に向かって逆走した時の男の表情をスローモーションのようによく覚えている。

「うそ」という顔をした。男が急ブレーキをかけたおかげで大事故にならずに済んだ。

家宅侵入の男には「包丁もってこい」と甥に叫び、刃傷沙汰が現実味を帯びた時ようやく男は立ち去った。「包丁を握った後」のことは私の頭になかった。

「殺されたくない」から命がけで戦ってきた。私が無事でいられた理由があるとすれば、先輩芸人さんの言う、「死ぬ気で戦った」からなのかもしれない。逃げられるものなら逃げていた。逃げられないと感じたから戦うしかなかった。戦うなら「死ぬ気」で。そうなったらどれだけ本気か、が、命運を分けるように思えてならない。

一人も殺されてはいけない

死、は、周りを巻き込む。たった一人の死などない。その人を大切に思うみんなの心が同時に死に、そして周りに心配をかけないように元気に振舞いながら、生涯、そのまま生きるのではないだろうか。「一人殺害」という表現に私が違和感を覚えるそれが理由だ。

だから、一人も「殺されてはいけない」。

この本は、殺された人には書けない。生きた私だから書く。殺された女性たちの「その瞬間」の恐怖がわかり、「生きていけない」ほどのストーカーの弱さも持ち合わせたことがあるから書く。

ストーカーには「ちっぽけで惨めで情けない自分を許してやってほしい」と伝えたい。

女性には、「シグナルを見逃すな。すぐ逃げろ。それでも殺されると思ったら死ぬ気で戦ってほしい」と伝えたい。

社会には、「予防、防止、排除」の発想ではなく、予防前にストーカーを生まない「教育」を願いたい。「好き」という感情にすでにジェンダーがからむ。どっぷり大人になってからの更生教育や心理療法士の出番ではなく、子供の頃からのジェンダー教育は必須だと私は確信している。

そして、警察には「最終的にはいつも警察が助けてくれた」ことを記しておきたい。

警察が本気になれば、ルールなど二カ月で変わる。それが以下だ。

二〇一三年一〇月二五日。警察庁の米田壮長官は「ストーカー事案には警察署だけで対応せず、被害者の安全確保や加害者の迅速な逮捕の観点から、警察本部で誘拐事件などの対応に当たる捜査一課特殊班や、市民保護の実績を持つ暴力団対策の部隊の投入も選択肢とするよう指示した」（朝日新聞デジタル、二〇一三年一〇月二五日掲載）。

二〇一三年一二月六日。警察庁は「ストーカー事案に一元的に対応する態勢を警察本部と警察署に作るよう都道府県警に指示した。（中略）原則として、生活安全、刑事の両部門の捜査員が共同で被害者からの事情聴取に当たるよう求めた」（朝日新聞デジタル、二〇一三年一二月七日掲載）。

二〇一三年一二月二六日。京都府警は「相談を受ける部門と捜査部門が一元的に対応する特別チームを発足させた。（中略）刑事部の中で、誘拐事件などが専門の捜査一課特殊班と24時間態勢で捜査する機動捜査隊から計26人を「緊急展開部隊員」に指定」（朝日新聞デジタル、二〇一三年一二月二七日掲載）。

どうだこの早さ。ただしそれらルール作りの前提として、「ストーカー被害者の家族が殺された2011年12月の長崎ストーカー事件で対応を見直したはずなのに、昨年11月に神奈川県逗子市で女性が、今年10月に東京都三鷹市で女子高校生が殺害されたことを重く見た」（朝日新聞デジタル、二〇一三年一〇月二五日掲載）ことを忘れてはならない。私が過去犯したルール違反は、今では堂々とした警察のルールになった。

私が「刑事部じゃなきゃだめなんです」と暴力団対応の刑事に訴え、叩き出された警察本部は、警察庁長官命令で、たった二カ月で「捜査一課特殊班」と「暴力団対策の部隊」がストーカー対応をすることになった。

その間、何人も「殺された」から。

私が芸能界に入り約三〇年かけて警察に訴え続けてきたことが、ようやく現実となった。ストーカー規制法の誕生を見、刑事部の導入も実現した。だが未完成だ。「逮捕」と「排除」が解決ではない。今「逮捕する理由ができた」にすぎない。長官命令により、二〇一四年春には刑事部が、全都道府県警でストーカー対応を始めたそうだ。

逮捕の敷居をどれほど下げてもストーカーは誕生する。何も持たない人たち、ほしくてたまらない人たち、という社会状況もそのままだ。放置するか、逮捕し隔離するかではなく、前もってどう被害を避けるか。

被害者にならないためには〝眼識をもて〟というが、では問うが、刑事の〝眼識〟はどこにいったのだ。二〇歳そこそこの素人の女性の眼識を促すまえに、あらゆる犯罪者の「ひいい」を見てきた刑事たちの、そして「殺される」と訴える被害者の真剣さを見極める刑事の

〝眼識〟こそが問われるべきではないのか。精神医学の専門家がすでにストーカー分類項目としてあげている〝暴力団系〟。もっと早くに刑事部を導入できたはずだ。「芸能人のファンはストーカーとは言いません」という立場の警察。すでに精神医学が「スタ

ーストーカー」と分類しているのに、ジョン・レノンが殺されても「ファン」という。

私が刑務所に入れることになった男。「何も持たない最強の男」。その男は私を好きになっただけだ。「力」がモノを言う社会で、力でしか人と関われず、再度刑務所行きになった。その男に、力以外の関係性が人にはあるのだという教育を受ける機会があり、社会的敗者であっても、惨めではない受け皿があり、人と喋る場所があれば、男はストーカーになっただろうかと思うのだ。

今なお力崇拝の価値観は根深く、ストーカーが生まれない社会づくりはまだ遠い。そんな社会でたまたま運よく生きている読者のあなたは「殺されてはいけない」。一人殺傷ではない。あなたを大切に思う大勢の人も同時に心が死ぬのを覚えていてほしい。だから、殺されそうになったらあらゆるルールに捕われずに戦ってほしい。ルールは後からついてくる。それは、生きてこれた私だからわかる。この三〇年間の社会のルール誕生の歴史をこの目で見てきたのだから。

あとがき

有名＝成功というファンタジーに具体的な経験でヒビを入れようと思った。芸能界でもストーカー被害と無縁な人や、夢にこだわるタイプから反発がくることも、私を大切に育ててくれた方やファンにショックを与えるのも想定内だ。私には伝えたいことがあった。

プライベートでは、車に追突されムチウチの痛みで長期に寝込んだ。起きてテレビを見るとニュースで女性が殺されている。寝ても起きてもつらく自暴自棄になった。

テコンドーメダリストの岡本依子氏が私に言った。「弱い選手はいつまでもひきずる。強い選手はすぐ立ち上がる。すぐ立ち上がれば強くなる」。私は書き始めた。その矢先、番組で共演していたやしきたかじん氏が他界した。私を傷つけない方法で自らの訃報を知らせるよう妻に託して逝ったとご夫人から聞き、優しさに泣きながら執筆した。その間、取材の電話やメールが鳴り続けた。

芸能人は、やりたいと手を上げるのは自由だが、だからといってできるものでもない。世間様から選ばれなければ仕事がこない。結局、それは選ばれた者の職業で、その人独自の役割があるのだと思う。選ばれし人の喪失とはメッセージの喪失のことだと、彼の不在を惜しむファンを見て思った。また、究極のタレントイメージとはそのタレントがとった笑いの数より、生き様だとも学んだ。選ばれし者の役割、生き様、それを信じて本書を書いた。

東京蔵前の蕎麦屋で会うたびに、執筆を逡巡する私の背中を強く押してくれたのは、代表取締役社長として筑摩書房を一〇年以上牽引した菊池明郎さんだ。厳しい時代をともに歩んだ編集の山野浩一さん。そして吉澤麻衣子さんと金子千里さん。〝命〟を語るにおいて、タレントイメージ云々の逡巡が軽薄なものにも思え、それより伝えるべきことがあると思えたのは彼らのおかげだ。命を書いている時に先輩の命が召され、その喪失感とともに書けたのは、大事な人を失う悲しみを噛み締めることが本書の内容と呼応したからだ。

首の痛みは柔道整復師の浦本学さんがほぼ毎日ケアしてくれた。涌井三枝子先生は毎日ビタミンをくれた。鳴り止まない電話は舞夢プロさんが対応してくれた。ムチウチ用デスク周りをスタッフさんが作ってくれた。一冊の本を書くだけでこれだけの人がかかわる。私が「一人殺害ではない」という根拠はこれだ。一人の命はその周りの大勢の命とかかわって在る。だから、一人も殺されてはいけないのだ。

読者の皆様をはじめ、今危ない方々を救う手助けができたらと切に願う。過去、懸命に助けてくださった弁護士さん、刑事さん。有難うございました。おかげで私は生きています。私を大切に思ってくださるすべての皆さんに感謝しながら。

著者紹介

遙 洋子（はるか・ようこ）

タレント・作家。大阪生まれ。1986年から8年間、上岡龍太郎氏と組んで司会をした読売テレビ「ときめきタイムリー」から本格的にタレント活動を開始。以降、バラエティ番組、討論番組で活躍すると同時に、執筆活動も始める。2000年、『東大で上野千鶴子にケンカを学ぶ』（筑摩書房）がベストセラーに。その後の著書に、『介護と恋愛』『美女の不幸』『主婦たちのオーレ！』『死にゆく者の礼儀』（筑摩書房）、『結婚しません。』『いいとこどりの女』（講談社）、『野球は阪神　私は独身』（青春出版社）、『働く女は敵ばかり』『働く女は腕次第』『気難しい女性との上手な接し方』（朝日新聞出版）、『女の敵』（日経BP社）などがある。父を介護した体験をもとに書いた『介護と恋愛』（ちくま文庫）は2006年、NHKでドラマ化され、著者自ら脚本を執筆。文化庁芸術祭参加作品に選ばれる。豊かな人間観察に裏打ちされた、テンポのいい、奥行きのある文章には定評がある。

私《わたし》はこうしてストーカーに殺《ころ》されずにすんだ

2015年2月10日　初版第1刷発行

著　者　遙洋子

発行者　熊沢敏之

発行所　株式会社筑摩書房

東京都台東区蔵前2-5-3　〒111-8755

振替 00160-8-4123

印刷所　中央精版印刷株式会社

製本所　中央精版印刷株式会社

ISBN978-4-480-81523-1　C0036

乱丁・落丁本の場合は、お手数ですが下記にご送付ください。

送料小社負担でお取替えいたします。

ご注文・お問い合わせも下記へお願いいたします。

〒331-8507　さいたま市北区櫛引町2-604　筑摩書房サービスセンター　Tel 048-651-0053